Martin Malirsch

Digitale Netzwerkgesellschaft
Realutopische Szenarien zur Zukunftsfähigkeit

Martin Malirsch

Digitale Netzwerkgesellschaft

Realutopische Szenarien zur Zukunftsfähigkeit

Für Carl, Maximilian und Gloria-Eilike

Rediroma-Verlag

Bibliografische Information der Deutschen Nationalbibliothek:
Die Deutsche Nationalbibliothek verzeichnet diese Publikation in der Deutschen Nationalbibliografie; detaillierte bibliografische Daten sind im Internet über http://dnb.ddb.de abrufbar.

ISBN 978-3-86870-894-3

Umschlagillustration: Martin Malirsch

www.rediroma-verlag.de
8,95 Euro (D)

Autor

Martin Malirsch, Jahrgang 1944, Lehrtätigkeit (Sekundarstufe I, Kunst/Visuelle Kommunikation, Gesellschaftslehre) und Ausbildung von Lehrkräften im Vorbereitungsdienst (Referendariat) bis 2010. Zur Zeit Ausbildung und Betreuung von Lehramtsstudierenden in Schulpraktischen Studien an der Universität in Kassel.

Bisherige Veröffentlichungen im Rediroma-Verlag

„Kerngeschäft Unterricht", 2012

Akzentuierte Bestandsaufnahme der Paradigmenwechsel

„Wertebildungsprozess in der Marktgesellschaft", 2013

„Big Data", 2013

Büchse der Pandora, Datenhimmel oder Cyber-Hölle

„Hegemoniale Welt(um)ordnung", 2014

Globalisierungsinduzierte Erosionen

Nach „Big Data" und „Hegemoniale Welt(um)ordnung" vervollständigt „Digitale Netzwerkgesellschaft- realutopische Szenarien zur Zukunftsfähigkeit" die Trilogie zur Dynamik von Transformationen gesellschaftspolitischer Latenzen und Tendenzen.

»Dieser Gesellschaft anzugehören, ist eine Fron, die nie endende Mühen erfordert. Die Angst davor, sich nicht anpassen zu können, ist von der Angst abgelöst worden, nicht genügen zu können.«

Zygmunt Bauman

Inhalt

0. Einführung

Von der digitalen Netzwerkgesellschaft erwarten die Menschen ein Mehr an persönlicher Freiheit, Erleichterungen und Befreiung. Informationen und Kommunikationen können massenhaft und ohne größeren Zeitaufwand gespeichert, vervielfältigt und global zugänglich gemacht werden. Der Gewinn an individuellen Zugangschancen zu Kommunikation, Konsum und Wissen scheint aber durch Gleichschaltung, Kontrolle und Abhängigkeit erkauft zu werden. Unterschiedliche Lebensbereiche erfahren Entgrenzungen, die zunehmend Stress erzeugen. Das Netz ist Alltag, ebenso ist der Alltag im Netz: Wirtschaftliches, Gesellschaftliches, Politisches und Kulturelles werden vom Internet durchdrungen und geprägt. Eine „digitale Realpolitik" muss eine sich entwickelnde Netzwerkgesellschaft absichern und Bewährtes aus der analogen Welt in die digitale transformieren und in Einklang bringen, zum Nutzen der Zivilgesellschaft. Die gigantische digitale Form der Informationsbeschaffung und -verarbeitung über das Internet generiert eine neue mega-komplexe Netzwerkgesellschaft.

Selbstbestimmung, Autonomie als ein Grundbedürfnis der Menschen, um sich entfalten zu können, scheint zunehmend bedroht zu sein. Verständnis über die Aufgaben von Technologien müsse überdacht und neu definiert werden. „Die digitale Welt als Weiterentwicklung der Technik führt uns lediglich einmal mehr schmerzhaft vor Augen, dass der Rückweg in eine von uns Menschen selbstbestimmte Welt wohl endgültig versperrt ist." *(Stefan Fritz,* Pionier für digitale Vernetzung und *Gründer von Synaix)*

Chancen und Gefahren der digitalen Zukunft unterliegen divergenten Einschätzungen, Bewertungen und Folgerung unterschiedlicher Nutzer.

Grundsätzliche Einstellungen der Menschen zu den verschiedenen digitalen Lebenswelten werden insgesamt bestimmt durch: Lebensauffassung, Lebensweise, Wertorientierung, soziale Lage, Lebensstil und Geschmack, insbesondere aber durch ihre Einstellungen und Verhaltensweisen hinsichtlich Vertrauen und Sicherheit im Internet.[1]

„Digital Outsiders" sind entweder offline oder verunsichert im Umgang mit dem Internet, das eine fremde Welt darstellt, die sie teilweise als uninteressant, teilweise sogar als beängstigend erleben. (40%) „Digital Immigrants" bewegen sich regelmäßig, aber sehr selektiv im Internet. Sie sind in der digitalen Welt nicht aufgewachsen und stehen vielen Entwicklungen sehr skeptisch gegenüber, insbesondere wenn es um das Thema Sicherheit und Datenschutz im Internet geht. (20 %) „Digital Natives" anerkennen die digitale Welt als einen wesentlichen Teil des Lebens, stehen dem Internet sehr positiv gegenüber und sehen die fortschreitende Digitalisierung primär als persönliche Chance. (40%)

---

[1] Grundlagenstudie des SINUS-Instituts Heidelbergs im Auftrag des Deutschen Instituts für Vertrauen und Sicherheit im Internet (DIVSI), Dezember 2013, siehe Anhang **(1)** zur weiteren Differenzierung der Nutzereinstellungen

Seit 2001 liefern Studien der Initiative D21, durchgeführt von TNS Infratest mit dem (N)ONLINER Atlas die deutschlandweit umfassendste empirische Basis zur Internetnutzung. Der D21-Digital-Index ist eine Weiterentwicklung mit dem Ziel, die Transformation der Gesellschaft besser verstehen und verfolgen zu können. Seit 2013 wird die Entwicklung des Digitalisierungsgrads der Bevölkerung noch facettenreicher gemessen – anhand ihres Zugangs, ihrer Kompetenz, ihrer Offenheit sowie ihrer Nutzungsvielfalt, bezogen auf digitale Medien und das Internet.[2]

In den folgenden Ausführungen wird versucht, abweichende und diametrale Einstellungen und Sichtweisen der Nutzer oder Verweigerer (N)ONLINER), ob dogmatisch, radikal, apologetisch oder defensiv, angemessen im Rahmen der thematischen Abgrenzung zu berücksichtigen.

---

[2] Mit rund 33.000 Befragten ist der D21-Digital-Index die aussagekräftigste Studie zum Internetnutzungsverhalten der Deutschen und eine einmalige Zahlengrundlage zur Begleitung der Handlungsfelder der Digitalen Agenda (Anhang **1a**)

Zum Cover: Die Umschlaggestaltung zeigt einen Bildausschnitt eines Pavillondaches, durch ‚digitales Sticken' gestaltet. (Institut für Computational Design (ICD), Stuttgart) Aufgrund eines computerbasierten Entwurfsverfahrens und computergesteuerten Herstellungsprozesses- einem robotischem Wickelverfahren- wird ein komplexes System von Faserkompositmodulen zu einer Rauminstallation, einem Pavillon montiert. Ein Sinnbild für die Visualisierung komplexer Datenstrukturen des „Digitalen" zu einem „allumnetzenden Überbau".

„Der neue Humanismus ist, wie früher, der Glaube an den Menschen, doch speziell in der Form einer Ablehnung von künstlicher Intelligenz. Das hieße nicht, irgendeinen Algorithmus oder roboterhaften Mechanismus zu verwerfen. Jeder einzelne vermeintlich künstlich intelligente Algorithmus kann genauso gut als nicht-autonome Funktion verstanden werden, die dem Menschen als Werkzeug dient."

Jaron Lanier

1. World Wide Web

Computer und Digitalisierung haben die Gesellschaft tiefgreifend verändert.

Funktionen, Aktivitäten und Prozesse werden im Informationszeitalter weitgehend und im zunehmenden Maße in Netzwerken organisiert. Alle gesellschaftlichen Bereiche unterliegen einem Umbruchsprozess. Das neue World Wide Web, Web 2.0, gleicht einer Revolution.

Mit dem Web 2.0[3] werden Werkzeuge generiert, um global zusammenzuarbeiten und kollektive Intelligenz zu nutzen. Während Web 1.0 „nur" ein Lese-Web war, entfaltet Web 2.0 als „Mitmach-Web" (Lesen/Schreiben) seine dynamische Kraft: Blogs, Wikis, Social Bookmarking, Soziale Netzwerke wie Facebook, Media Sharing wie YouTube usw.

Das Begriffsschema Web 2.0 wird inzwischen auf vielfältige Bereiche angewandt (Politik 2.0, Lernen 2.0, Wirtschaft 2.0, Arbeit 2.0 usw.)

2.0 wird allgemein für eine neue oder verbesserte Version verwendet: Damit wird die interaktive Beteiligungsmöglichkeiten der Nutzer oder Konsumenten in bestimmten Bereichen verdeutlicht. Die zukünftige technologische Weiterentwicklung von Web 2.0, dem Syntax-orientierten Web, ist das semantische Web, auch Web 3.0 oder „Pervasive Computing" genannt. Hier werden Informationen in Beziehung zueinander

---

[3] Anwendungen, Dienste und Aktivitäten im Web 2.0, vgl. http://www.dadalosd.org/web20/elemente_web_20.htm

gestellt und hierarchisch gewichtet, ausgeführt von „Contextual Browsing Language (CBL)“

Mit dem Web 2.0 erfährt auch der Begriff „Prosumer“ [4] eine neue Aktualität. Der Begriff wurde 1980 vom Zukunftsforscher Alvin Toffler geprägt. Der passive Konsument von Produkten und Dienstleistungen kann zum aktiven und mündigen Partner von Unternehmen werden. Der immense Zuwachs der Nutzerzahlen auf den nutzergenerierten Medien beweisen, dass die Kommunikatoren mit der Öffentlichkeit in den Dialog treten. „Prosumenten“ entscheiden bewusst, wie sie Medien rezipieren und produzieren und beteiligen sich aktiv. Durch die Digitalisierung gewinnen die Prosumenten rasant an Bedeutung. Das Internet ermöglicht ihnen Zugang zu dem vielfältigen Wissen, ohne die dafür bislang zuständigen Berufstätigen mit den entsprechenden Einrichtungen in Anspruch zu nehmen. Jonathan Gershuny nennt eine Gesellschaft, in der Prosumenten dominieren und personenbezogene Dienstleistungen übergangen und eingespart werden, „Self-Service-Economy" oder „Selbstbedienungsgesellschaft". Prosumenten nutzen industriell gefertigte Produkte und Technologien, die sie von den Diensten anderer Personen unabhängig machen. Sie können so, weitgehend ohne soziale Verankerung, ihre Bedürfnisse befriedigen.

Mit (Arbeitswelt 4.0) ‚Industrie 4.0’ wird auf die vierte industrielle Revolution hingewiesen, das Ziel ist die „intelligente Fabrik“ (Smart Factory) auf der Grundlage von Ressourceneffizienz, Ergonomie und innovativen Technologien, insbesondere Vernetzung drahtloser Kommunikationssysteme.

Auf die Gesellschaft, auf Politik und Wirtschaft, auf Lehren und Lernen hat Web 2.0 entscheidende Auswirkungen hin-

---

[4] Zusammensetzung der Begriffe *Pro*duzent (Professional) und Kon*sument* (Consument)

sichtlich zukünftigen Zusammenlebens, betroffen sind alle Lebensbereiche. Der allumfassende soziale Austausch ist das Paradigma der Zeit, beispielsweise sichtbar im gewaltigen Erfolg von Facebook.

Die soziale Lage von Individuen gewinnt zunehmend an Bedeutung im Blick auf In- und Exklusion von Netzwerken, d.h. Konzentrationen von Verknotung aus Information, Macht, Technik und Kapital. Die Chancen auf einen Zugang zum Internet und modernen Kommunikationstechniken sind jedoch ungleich verteilt (‚digitale Kluft, digitale Spaltung') und stark von technischen und sozioökonomischen Faktoren abhängig, die gesellschaftliche Auswirkungen im Blick auf ungleiche soziale und wirtschaftliche Entwicklungschancen haben.

Menschen mit ihren alltäglichen Gedanken und Empfindungen, ortsungebunden miteinander vernetzt, lassen eine völlig neue Form neuzeitlicher Utopie sichtbar werden. Bisherige individuelle utopische Entwürfe einzelner Autoren werden abgelöst von einer im Internet anzutreffenden mächtigen Forengemeinschaft, die virtuelle Räume schafft und so eine neue Form von Utopie, eine „Gruppenutopie" im globalen Netz bildet.

Die Kulturform der „nächsten Gesellschaft" (Dirk Baeker) erfordert das Wissen des richtigen Andockens und die Flexibilität, Entscheidungen jederzeit korrigieren zu können.

Die digitale Partizipation steigert die Anfälligkeit aller und des Einzelnen gewaltig.

Digitale Technologien und Transformationen versprechen den nächsten wirtschaftlichen Leistungssprung unter der Voraussetzung der bedingungslosen Akzeptanz.

Gemeint sind u.a. disruptive Technologien (disrupt – unterbrechen, zerreißen), Innovationen, die bestehende Technologien, ein bestehende Produkte oder bestehende Dienstleistungen möglicherweise vollständig verdrängen. Disruptive Innovationen passen nicht in das altbewährte Schema evolutionärer Entwicklungsprozesse, sie befinden sich meist am unteren Ende des Marktes und erobern neue Märkte.

Der technische Fortschritt und das menschliche Verhalten beeinflussen sich im digitalen Zeitalter in einem hohen Maße gegenseitig und bestimmen wechselseitig zukünftige wirtschaftliche und gesellschaftliche Entwicklungen. Soziale und kommunikative Vernetzungen und die Umstellung von linear zu lesenden Büchern auf Hypertexte, von der Umstellung eines Buchstabensystems auf Algorithmen und von der Integration von Text, Bild, Ton und Zahl in einem einzigen Medium beschreiben eine neue Medienwelt. Vernetzung, Mobilität, Schnelligkeit, Erreichbarkeit, Reproduzierbarkeit und Konkurrenz u.a. sind Auslöser einer veränderten Bedürfnislage.

Die Gesellschaft befindet sich in einer Polarität zwischen dem Globalen als System und dem persönlichen Selbst. In dieser Ambivalenz müssen sich die Menschen arrangieren: kulturelle Identität, auskömmliche Lebensbedingungen, Gleichberechtigung, Mündigkeit, Individualität, Freiheit usw. einerseits und Verheißungen und schillernde Versprechen der digitalisierten Gesellschaft mit dem Potenzial wissenschaftlicher und politischer Informationsmöglichkeiten des Internets andererseits. Ein phantastisches Geschäftsmodell, so Skeptiker, Kultur- und Zivilisationspessimisten oder real gewordene Eutopie wie es die ‚Digitalisten' sehen? Digitalisierung bedeutet gleichzeitig Vernetzung. Denn effektive Nutzung ist nur aufgrund einer umfassenden Vernetzung möglich – zwischen Menschen, zwischen Menschen und den Geräten oder sogar den Geräten untereinander. Diese Vernetzung konnte letztlich nur durch die Einwilligung der Nutzer entstehen, ihr Leben Stück für Stück und immer weiter in der Öffentlichkeit zu präsentieren, über

Social-Media-Kanäle zu kommunizieren, Bankgeschäfte online auszuführen usw. Mit dem exponentiellen technologischen Fortschritt findet die ‚Digitale Transformation' in allen Arbeits- und Lebensbereichen, eine 'Entmaterialisierung' unserer Welt statt: Reduktion auf wenige, wichtige Elemente, Automatisieren von Prozessen, Dienstleistungen (E-Mails und Online-Dienste, Bücher, Fotos, Musikdateien und Videos werden digitalisiert gespeichert und abgerufen, Geld ersetzt durch Dienste wie Paypal usw.) Menschen profitieren von dieser Entwicklung und vereinfachen ihr Leben dadurch, doch gleichzeitig verstärkt sich das Gefühl der Abhängigkeit und Fremdbestimmung. Der „gläserne Mensch" ist der Ausdruck für die gefühlte Bedrohung, dass elektronische Geräte eher der Überwachung eines Menschen als seinem Nutzen dienen könnten. Die Digitalisierung schafft Märkte, auf denen einzelne erfolgreiche Unternehmen praktisch den gesamten Markt beherrschen und setzt damit bekannte marktwirtschaftliche Mechanismen außer Kraft. Bestehende Ungleichheiten werden durch die Digitalökonomie verstärkt werden, deswegen muss der Sozialstaat auf den Strukturwandel adäquat reagieren.

Durch Vernetzung und Öffentlichkeit verändern sich auch persönliche Beziehungen zueinander, virtueller Kontakt und Privatsphäre erfahren eine Neubewertung.

Um im Internet zu existieren, präsentiert man sich auf Homepages, Blogs und in den sozialen Medien. Die Präsenz hat Rückkoppelungseffekt in die analoge Welt. Die analoge und digitale Dimension werden synchronisiert. Das Netz ist ständiger Begleiter, kaum eine Situation ist nicht digital unterstützt und fehlender Internetzugang wird schon als Mangel empfunden. Die technologischen Möglichkeiten der Nutzer, Onliner, sind gleichsam digitale Fessel, diesen kann sich nur noch der Offliner entziehen. Trotz radikalen Wandels und völliger Umorientierung und Verabschiedung von der gestrigen Welt und Hinwendung zur global vernetzten virtuellen Welt, wird dennoch auch zukünftig physische, lokal kontextierte Wirklichkeit zur gesellschaftlichen und politischen Gestaltung vorzufinden sein.

Es werde in der modernen digitalen Welt keine Verstecke mehr geben und deshalb auch keinen Raum, in dem wirklich frei assoziiert und kommuniziert werden könne. Es müsse auch weiterhin die Möglichkeit geben, sich abzuschotten oder temporär aus der Gesellschaft aussteigen zu können, ohne etwa durch die Erfassung im Sozialsystem oder durch Repressalien wieder hineingezwungen zu werden, befürchtet ein Experte der Arena Analyse. *

„Facebook und Google, Amazon und die NSA machen den Internetnutzer zu einem Wesen, auf das der Begriff Individuum nur mehr bedingt zutrifft: Jeder besteht jetzt aus einer Agglomeration von Daten, die es ermöglicht, jeden zu analysieren und Vorhersagen über sein Verhalten zu treffen",

Cornelia Mayrbaeurl,

*Arena Analysen dienen als Entscheidungsgrundlage für die strategische Planung für Unternehmen und einzelne Projekte. „Rechtzeitig erkennen was uns morgen blüht"

2. Digitalisierung – ‚point of no return'

Die Digitalisierung hat das Leben insbesondere mit dem Computer und durch das Internet als ein riesiges Netzwerk aus Wissen, zwischenmenschlichem Austausch und Unterhaltung nicht nur bereichert, sondern auch Fragen aufgeworfen.

Der Digitale Wandel hat neben neue Technologien auch eine neue Digitale Kultur hervorgebracht, die bestehende tradierte Gewohnheiten hinterfragt und neue Herausforderungen und Anforderungen stellt. Zunehmend werden alle Lebens- und Arbeitswelten bedingt durch die Digitalisierung erfasst und erobern den Alltag: Internet und Mobiltelefon sind längst selbstverständliche Begleiter. Digitale Endgeräte wie Smartphones und Tablets bieten Aktualität, ein Universum aus Informationen, eine Brille, die eine virtuelle Welt erschafft, Interaktivität und soziale Vernetzung, an die Digitalisierung hat sich die Gesellschaft gewöhnt. Die Digitalisierung verwöhnt den Nutzer mit kundenfreundlichen Konzepten, die auf die persönlichen und individuellen Ansprüche des Kunden abzielen. Kundenwünsche schon zu erkennen, bevor der Kunde selbst weiß, dass er sie hegt, gerät zum Anspruch der Anbieter. Dieser Anspruch wird dann am besten erfüllt, wenn der Kunde nach seinem persönlichen Geschmack flexibel, mobil und unkompliziert über ein breites Angebot vielfältiger Dienstleistungen auswählen und verfügen kann. Diese Werte prägen den heutigen Zeitgeist, der den Kunden fortwährend begleitet und ihn somit im Geist des Anbieters ‚erzieht'.

„*Wir wissen, wo Sie sind, wir wissen, wo Sie waren, und wir wissen mehr oder weniger, woran Sie denken*"

(Eric Schmidt, Google Chef)

Eine effektive Nutzung solcher Dienste ist nur aufgrund einer umfassenden Vernetzung möglich. Sie umfasst nicht nur

Smartphones, Laptops, Tablets, sondern alle Apparate vom Thermostaten bis zum Ersatzreifen, Automobile, Werkzeugmaschinen usw.

Beispielsweise werden Roboter nicht nur als autonome Maschinen gesehen, sondern können durch das Internet und allgegenwärtiger Netzwerke gesteuert und programmiert werden; sie können über die ‚Cloud' nach Bedarf auf riesige Mengen von Daten zugreifen: ‚Intelligence on demand'. Mithilfe der sich entwickelnden Cloud-Robotik wird die autonom operierende Maschine ihre Intelligenz aus der Datenwolke schöpfen und Maschinen können so untereinander interagieren. Bill Gates warnt schon vor einer neuen Maschinenintelligenz, die zur Gefahr für die Menschheit werden könne. Bekannte Arbeitsabläufe, traditionelle Geschäftspraktiken, gelernte Rituale lösen sich auf. Bis in die intimsten Bereiche, in eigene Gefühlswelten reichen die Vernetzungen.

Sensoren sind die Schlüsselprodukte der digitalen Wirtschaft. Selbst einfachen Produkten verleihen sie eine gewisse Intelligenz aufgrund winziger, effizienter, leistungsstarker und preiswerter Bausteine. „Die Sensortechnik wird zu einer Schlüsseltechnologie in der Welt von intelligenten und vernetzten Produkten" Oliver Gassmann, Universität St.Gallen. Altbekannte Produkte werden durch den Einsatz von Sensoren optimiert und erhalten so einen zusätzlichen digitalen Wert, es werden ‚smarte' Produkte. Diese können Betriebsdaten generieren, unter Umständen sogar noch wichtiger als das Produkt selbst. In der vernetzten Welt bedeuten Daten wertvolle Ressourcen. Es stellt sich aber auch die Frage nach dem Eigentümer (Produkthersteller, Service Anbieter oder Verbraucher?) solcher Daten, welche die Sensoren erfassen: Algorithmen bestimmen neues Denken und Handeln aufgrund von Korrelationen überlassener Daten statt Kausalitäten: Suchprofile, Interessens -und Bewegungsprofile, Verhaltensmuster, Einkaufsroutine usw. machen Verhalten vorhersagbar.

Digitalisierung als die infrastrukturelle Erweiterung des Alltags oder die Ausdehnung der Nutzer in einen virtuellen Raum hinein zielt auf Optimierung in Echtzeit, alles wird überwachbar, quantifizierbar, kontrollierbar gemacht. Konsumorientierung und Inkaufnahme der Dauerüberwachung, zunehmender Zwang zu Wohlverhalten, Pflicht zur digitalen Partizipation und Druck, immer mehr und Neues mitzumachen und zu wollen, scheinen aber eher der Profitmaximierung als dem selbstbestimmten Leben dienlich zu sein. Digitalisierung greift tief in gesellschaftliche Prozesse ein, neue Wertschöpfungsketten werden generiert- ein großer Schritt zur Innovationsgesellschaft?

"Wir dürfen die digitale Veränderung nicht einfach nur als technologischen Fortschritt verstehen, sondern wir reden hier über eine radikale Veränderung von Wirtschaft und Gesellschaft. Das stellt uns vor neue Herausforderungen, die wir noch gar nicht richtig verstehen", so Henning Vöpel, Direktor des Hamburgischen Weltwirtschaftsinstituts (HWWI)

3. Von Vernetzung über Netzwerk zur Netzwerkgesellschaft

Für den Charakter unserer Gesellschaft ist die Organisationsform des Netzwerkes oder der Netzwerke bestimmend, sie bildet die Netzwerkgesellschaft. Individuen und Organisationen können eine Mitgliedschaft in einem Netzwerk oder mehreren anstreben. In diesem sozialen System finden sich die Mitglieder zusammen, zeitlich begrenzt und variabel in der Zusammensetzung, entsprechend möglicher Gemeinsamkeiten, Zielvorstellung und Kommunikationsabsichten. Die unvermittelte, direkte, analoge Kommunikation (face to face) wird durch die vermittelte ergänzt, wobei die elektronische, digitale Kommunikation zur erheblichen Beschleunigung derselben beiträgt. Die Netzwerkgesellschaft umfasst u.a. die Bereiche Arbeit, Staat, Politik, Unternehmen, Familie, soziale Bewegungen und ‚global players' als supranationale Produktionsnetzwerke.

Netzwerkgesellschaften markieren den Übergang von nationalstaatlichen Industriegesellschaften zur globalen informationstechnologischen Gesellschaft.

Tradierte kulturelle Symbole sind einem stetigen Wandel begriffen. Es findet eine fortwährende Neu- und Umkonstruktion statt. Die Suche nach Identität in der Netzwerkgesellschaft sei wichtigste und singuläre Quelle von gesellschaftlicher Sinnstiftung, so Castells[5]

Die Suche nach Identität seien nicht mehr Klassen, klassische Organisationen und Institutionen, sondern soziale Bewegungen, die gesellschaftlichen Sinn stiften, so Castells

---

[5] Vgl. Castells, Manuel (2003): Das Informationszeitalter: Wirtschaft, Gesellschaft, Kultur. Teil 1: Der

Aufstieg der Netzwerkgesellschaft, Teil2 und Teil 3, Opladen: Leske + Budrich,

In einer globalen Gesellschaft versprechen Superstrukturen mit netzförmiger Verknotung von Information, Kapital, Technologie, Unterhaltung, Wissenschaft, Wirtschaft u.a. ein hohes Innovationspotential bei gleichzeitig hohem Maß an Flexibilität hinsichtlich Neu- und Umstrukturierung.

Ungehinderter und schneller Zugriff auf relevante wissenschaftliche Information, unabhängig von Zeit und Ort, soll bedarfsgerecht aufbereitet und kontextbezogen in eigene Lern- und Arbeitsumgebung einbezogen werden können. Neben gedruckter Literatur gewinnen zunehmend digitale Informationsinhalte an Bedeutung. Informationsprodukte können heute dank der neuen Technologien stärker als je zuvor auf jeweilige Bedürfnisse zugeschnitten werden, um sie für jedermann individuell verfügbar zu machen. Neue Informationstechnologien und das Internet ermöglichen zunehmend mit der Vernetzung multimediale, interaktive Informationsformen und -systeme, zielgruppenspezifisch aufgearbeitet, bereitgestellt und verbreitet.

Information als Wirtschaftsfaktor erlangt wachsende Bedeutung. Digital verfügbare Information wird Ware und auf dem Weltmarkt gehandelt. Die globalen Netze begünstigen dabei die Entstehung von Weltoligopolen bis hin zu Monopolen und erhöhen damit Konfliktpotenziale hinsichtlich öffentlicher Interesse an ungehindertem Zugang zu wissenschaftlicher Information. Was für die Umsetzung im Netz von „Information im Raum“ gilt, findet im besonderen Maße auch im kommerziellen und kommunikativen Bereich statt.

„Alles was digitalisiert werden kann, wird digitalisiert werden, und alles, was vernetzt werden kann, wird vernetzt“

Alexander Dobirindt, Bundesminister für Verkehr und digitale Infrastruktur, 2015

Vernetzungen sozialer Medien nutzergenerierter Inhalte oder partizipativer Plattformen, noch vor 10 Jahren Utopien, sind Wirklichkeit geworden. Vergleichbar mit Verdichtung von Schienen- und Straßennetzen im 19. Jahrhundert, sind sie eine der dominanten Strukturformen der modernen Gesellschaft. Die neue Funktionslogik einer vernetzten und digitalisierten Gesellschaft löst bisherige soziale Funktionslogiken ab. Neue soziale Bewegungen verdrängen klassische Informationsmedien, gewachsene politische Kräfte alten Typs wie Gewerkschaften, Vereine, Kirchen oder politische Parteien. Umfassende Bereitschaft zur Vernetzung führt zur Netzwerkgesellschaft aufgrund der technologischen Machbarkeit und in Wechselbeziehung mit veränderter soziokultureller Praxis. Neben einfach zugänglichen Informations- und Kommunikationstechnologien, die von Raum- und Zeitgrenzen unabhängig machen, kommen auch sogenannte Netzwerkeffekte hinzu, die als soziales Bindemittel zwischen den Mitgliedern fungieren. Netzwerkförmige Verknüpfungen in verschiedensten Bereichen, weitgehend ohne hierarchische Organisationsformen, werden weiter zunehmen. Es entwickelt sich eine Netzwerkkultur.

Die Netzwerkgesellschaft zeichnet sich durch Selbstverständlichkeit aus: Die tagtäglich unterschiedlichen digitalen Kommunikationspraktiken verbinden Mitglieder einer Gemeinschaft allgegenwärtig.

Internetanwendungen auf den technologischen und ideologischen Grundlagen des Web 2.0 ermöglichen das Herstellen und den interaktiven Austausch von gegenseitiger Kommunikation und von Informationen und Anwendungen in digitalbasierten Kommunikationskanälen (*Social Media*). Sie lassen sich nach unterschiedlichen Kategorien klassifizieren, hier nur eine grobe allgemeine Auswahl[6]:

Kollektivprojekte (Wikipedia), Blogs, Twitter, soziale Netzwerke (Facebook), soziale virtuelle Welten, div. Webplattformen (YouTube), Foren unter anderem aber auch Chats und Diskussionsforen, virtuelle Kontakt- und Tauschbörsen und bestimmte Apps zur Kommunikation und Bewertung.

Hinsichtlich des Gemeinschaftskonsums gewinnt auch ‚Sharing Economy' zunehmend an Bedeutung: Systematisches Ausleihen von Gegenständen und gegenseitiges Bereitstellen von Räumen und Flächen, sowohl durch Privatpersonen als auch durch Interessengruppen.

So stellen FabLabs (*fabrication laboratory*) als Fabrikationslabore offener, demokratische High-Tech-Werkstätten Privatpersonen oder Arbeitsgruppen industrielle Produktionsverfahren für individualisierte Einzelstücke zur Verfügung. Es wird schon von einer ‚Demokratisierung der Produktion' gesprochen. Mittels der 3D-Drucker-Technologie beispielsweise wird industrielle Fertigung in den privaten Bereich und in den Bereich von Internetdienstleistern verlagert, ebenso Verteilung von Gütern, da die Produktion am „end of the pipe", also beim Endnutzer geschieht. Danach kann jeder seine Möbel, Gerätschaften und Ersatzteile bequem zu Hause herstellen: Ein ‚Personal Fabricator' könnte über online bezogene Daten jedes beliebige Produkt direkt „ausdrucken". Allen ist gemeinsam, dass sie sich global präsentieren, vielen kostengünstig zugänglich sind, Prinzipien der Selbstorganisation und Eigenverantwortung, Partizipation und freie Assoziation aufweisen. Öffentlichkeit für eigene Themen kann zielgerichtet aufgebaut

---

[6] ANHANG **(4)** : SimilarWeb: Top 20 soziale Netzwerke in Deutschland, Sept.2014

werden, vernetzt und aktiviert für Online-Aktivitäten in der „realen" Welt. *Social Media* sind für die Mobilisierung von Bürgern ein effektives Instrument, mit gesellschaftspolitischen Themen sich aktiv in laufende Prozesse einzumischen. Alle Mitglieder der Gesellschaft müssten Zugang zu diesem Kommunikationsraum haben und über die entsprechende Medien- und Kommunikationskompetenz verfügen, Ausgrenzungen gesellschaftlicher Gruppen ohne entsprechende Kompetenzen sind vorhersehbar, sie werden entweder produziert oder bestätigt, vergleichbar der „analogen" Welt.

Es existiert aber auch ein geheimes und verstecktes Netzwerk, das „Darknet", ein verschlüsseltes Web. In der völligen Anonymität gedeihen gefährliche Subkulturen: Pädophile, Extremisten, Online-Drogenhandel, Hacker, Trolle usw. In dieser Schattenwelt blüht die Internetkriminalität in freier Kommunikation. Diese Parallelwelt wird von überzeugten Digitalisten als der überwachungssichere Ort gepriesen, wo weder Hacker noch Späher zu befürchten sind.

In diesem virtuellen Raum findet zunehmend aufgrund möglicher anonymer Kommunikation, Missbrauch im Blick auf Mobbing, Pöbeleien, Beleidigungen und Hass statt- meist unter einem Pseudonym. „Hater" oder „Trolle" sind in der Regel private User, können aber auch staatlich gelenkte Akteure sein, die mit destruktiven und irreführenden Beiträgen Verunsicherungen hervorrufen mit dem Ziel gesellschaftlicher Instabilität. Sollte unter den Bedingungen der Digitalisierung der Totalitarismus wiederkehren, dann werde ihm eine Armee von Trollen vorausmarschieren, so die Aussage von Indymedia.

4. Digitale Transformationen und Entmaterialisierung

Digitale Transformation ist gekennzeichnet durch die Verdrängung der alten durch neue Technologien: Gestern noch neu und bahnbrechend, heute Standard. Digitale Transformationen verändern nicht nur die konkurrenzreiche Welt der Wirtschaft, sondern auch menschliche Gesellschaften. Auch die nächsten Jahrzehnte werden technologische Fortschritte bringen, welche die Gesellschaft und damit die Wirtschaft wieder grundlegend umbauen werden, bestehende Strukturen werden weitgehend neu definiert. Digitale Transformation bedeutet eine tiefgreifende, irreversible technologische Umwälzung. In diesem Kontext ist von „Perpetual Disruption“ [7] die Rede, immerwährend sich fortsetzende Change-Prozesse mit umbrechenden, tiefgreifenden Dimensionen. Die Kombination von verschiedenen Technologiesträngen ermöglicht insgesamt eine Beschleunigung der gesamten technologischen Evolution, so Ray Kuzweil, Zukunftsforscher und Leiter der technischen Entwicklung bei Google, Visionär der Künstlichen Intelligenz und Computer-Genie. Menschliche Wahrnehmung und Einstellung werden entsprechend verzögert mitwachsen. Sämtliche neu verfügbare Technologien werden von Menschen eingesetzt und genutzt. Bis aber eine gesellschaftliche Adaption der jeweiligen Technologie erfolgt, hängt primär von rechtlichen, politischen und gesellschaftlichen Parametern ab. Nicht alle Technologien werden von der Gesellschaft sofort und bedingungslos angenommen. Sobald aber eine Technologie sich für das Wohl einsetzt, das Leben der Menschen zu vereinfachen und/oder von Leid zu befreien,

---

[7] Alain Veuve, http://www.alainveuve.ch/warum-wir-den-begriff-digitale-transformation-ersetzen-muessen/

wird sie auch übernommen werden. Medien und Servicegeschäfte werden in die digitale Welt transformiert, die digitale Technik der Zukunft hat schon begonnen den Alltag zu erobern: ‚Ubiquitous Computing' (Rechnerallgegenwärtigkeit)

Die digitale Revolution leitet eine Revolution im Denken ein. Künstliche Intelligenz (KI), derzeit einer der wichtigsten Schnittstellentechnologien, hat die Welt verändert. Das maschinelle Lernen, auch Deep Learning genannt, wird weltweit vorangetrieben: Maschinen sollen das Lernen lernen. KI-Systeme werden befähigt, Merkmale zu erkennen und Kategorien zu bilden, ohne menschliche Vorgaben. „Die größten Fähigkeiten haben KI- Systeme jedoch dort, wo sie Probleme eben nicht so lösen, wie es ein Mensch tun würde. Maschinen können heute sogar schon Merkmale erkennen, von denen der Mensch gar nichts ahnt", so Professor Hans Uszkoreit, Deutsches Forschungszentrum Künstliche Intelligenz (DFKI). Vom Computer als dumme Maschine (Befehlsempfänger) zum „Cognitive Computing" (Cogs) findet ein Paradigmenwechsel zum lernfähigen, blitzschnell verarbeitenden Informationsspeicher, zur Superintelligenz statt. Neben dem Vorteil der Cogs werden aber auch Gefahren befürchtet: Einschränkungen des selbstständigen Denkens, eigene Entscheidungen zu treffen, fragwürdige ethische und moralische Antworten auf kritische Fragestellungen, aufgrund blinden Vertrauens auf Cogs.

„Wir müssen der Versuchung widerstehen, künstliche Intelligenz zu vermenschlichen und anzunehmen, dass sie dieselben Ziele hat wie eine entwickelte Spezies.", so Stephan Hawking

Roboter sind Teil unseres Alltags. Sie bauen Autos, entschärfen Bomben, forschen in Meerestiefen, als Hightech-Androiden könnten sie in der Altenpflege und Kinderbetreuung eingesetzt werden, auch für kriegerische Auseinandersetzungen usw. Es gibt den Animaloiden, den normalen Roboter, der von Tieren inspiriert wurde, den Insektoiden und die Androiden, die vom Menschen inspiriert wurden, aber es fehlen die Plantoiden, die von Pflanzen inspiriert sind. Der Neurobiologe Stefano Mancuso[8] plädiert für die Möglichkeit, Hybriden zu bauen, halb Pflanzen und halb Maschine. Seinen Erkenntnissen nach besäßen sie Rechenfähigkeiten, elektrische Signale, damit könnten Hybride angetrieben werden von Algen, Blättern und den leistungsstärksten Teilen, den Wurzeln.

Die Entwicklung eines Androiden erscheint dann schon etwas unheimlich. Als weit fortgeschrittener sozialer Roboter gilt Bina 48:[9] Ein menschenähnlicher, sprechender Kopf, Abbild einer lebenden Frau mit all ihren Erfahrungen. Das Gesicht zeigt Emotionen, lächelt, schaut gelangweilt, traurig oder glücklich. Und Bina 48 spricht, antwortet und lernt dazu. Die Voraussetzungen sind von Menschen erschaffene Identitätsdateien ("Mindfiles").

Folgt jetzt auf den Homo sapiens eine verbesserte Version des Menschen, der Mensch 2.0?

---

[8] Stefano Mancuso/Alessandra Viola: "Die Intelligenz der Pflanzen"

Übersetzung: Christine Ammann, Verlag Antje Kunstmann, 2015 Theorie von der „vegetativen Intelligenz“, „Intelligenz zeigt sich darin, dass man versteht, auf die Veränderungen der Umwelt adäquat zu reagieren. Das können Pflanzen ganz offensichtlich deutlich besser als Tiere oder nun gar der Mensch. Mehr als 95 Prozent der Biomasse sind Pflanzen. Das zeigt doch deutlich, wer etwas aus den irdischen Gegebenheiten zu machen versteht und wer nicht.“

[9] http://www.bina48.de/bina48.html

Der Experte für künstliche Intelligenz, David Levy,[10] prophezeit eine Zukunft, in der Roboter als Lebens- und Sexpartner (‚Cybersex') alltäglich sein werden: Levy sieht bereits Anzeichen aufkeimender Robophilie. Datenbrillen, Datenhelme und Ganzkörperanzüge ermöglichten echtes Miterleben, allerdings bisher noch ohne taktiles Erlebnis. Levy sagte voraus: Bereits um das Jahr 2025 gäbe es viele Menschen, die einen Roboter als Freund, Partner und Liebhaber* besäßen. Kritische Wissenschaftler sehen die Gefahr einer Entkörperlichung der Gesellschaft.

<u>Wearable Computing</u> Die Computersysteme unterstützen direkt den Menschen bei Alltagstätigkeiten ohne zu stören, Kontextsensitivität (aktueller Benutzerzustand) vorausgesetzt

<u>Pervasive Computing</u> Vernetzung von Alltagsgegenständen: Informationstechnisch aufgerüstete Alltagsgegenstände erhalten einen Mehrwert durch sensorgestützte Informationsver-

---

[10] Levy, D.: Love and Sex with Robots. The Evolution of Human-Robot Relationships. New York: HarperCollins 2007 Im Jahr 2010 brachte dann die amerikanischFirmaTrueCompanion den ersten weiblichen Sexroboter auf den Markt: Roxxy (Gold) bewegt sich dank eines künstlichen Skeletts fast wie eine echte Frau; hinsichtlich ihres Gesichts, ihrer Frisur, ihrer Haarfarbe, ihrer Haut usw. kann zwischen verschiedenen Varianten gewählt werden. Man kann mit ihr ein einfaches Gespräch führen, mit ihr simsen oder ihr Emails senden. Die Interaktion und ihr Verhalten sind davon abhängig, welche der fünf einprogrammierten (und veränderbaren) Persönlichkeiten von ihrem Besitzer gewählt wurde. Inzwischen gibt es auch einen männlichen Sexroboter namens Rocky. Beide Roboter können weder stehen noch gehen - entsprechende Weiterentwicklungen sollen aber bereits im Jahr 2015 auf den Markt kommen. Vgl. Die Zukunft der Sexualität, Martin R. Texto, http://www.zukunftsentwicklungen.de/index.html

*Vergleichbar (?) mit der griechischen Mythologie: Pygmalion und die Statue seiner Idealfrau Galatea, die von Aphrodite, der Göttin der Liebe, zum Leben erweckt wurde. Pygmalion küsst Galatea, sie küsst zurück. Die beiden heiraten.

arbeitung und Kommunikation mittels kleinster, drahtlos miteinander vernetzter Computer. „Mit dem Begriff des Ubiquitous Computing geht ein Paradigmenwechsel, weg vom Computer als Werkzeug hin zu einer impliziten Informationsverarbeitung, einher.“[11]

Cyborgs Verbindungen zwischen Mensch und Maschine, beispielsweise in der Medizin: Herzschrittmacher, Implantate jeglicher Art (Hören, Sehen usw.) ‚Bodyhacker' oder Cyborgs verändern mit Technik-Implantaten die Sinneswahrnehmung.

Ziel der ‚Cyborg Foundation' ist zusammen mit verschiedenen Forschungseinrichtungen, mithilfe von implantierbarer Technik die Sinne des Menschen zu erweitern oder ihm gleich neue Sinne zu verschaffen. Implantate lassen Mensch und Technik verschmelzen.

Ergänzende Fähigkeiten, von der Natur nicht für Menschen vorgesehen, sollen ihn ‚besser' machen, im Sinn einer optimierten Anpassung. Fragen nach einer neuen Ethik werden nur am Rande gedacht, mit dem Hinweis, dass die Technik den Menschen jederzeit dienlich sein müsse.

Smart Home Sicherheit, Energieeffizienz im mitdenkenden Zuhause usw.

Augmented Reality, erweiterte Realität, die mittels Technik reale und virtuelle Welt verquicken (aufploppende Texte, Grafiken)

Drohnen zur militärischen und zivilen Nutzung: Logistik, Überwachung,

---

[11] http://wirtschaftslexikon.gabler.de/Archiv/76604/ubiquitous-computing-v8.html

Hightech in smarter Kleidung Sensoren vermessen den Körper zur Überwachung von Vitalfunktionen, liefern aber auch Daten den Unternehmern, Krankenkassen, Versicherungen usw.

Big Data Profilbildung realer Personen durch Datensammeln im Internet (soziale Netzwerke) Fitnessarmbänder zur Optimierung (Quantified-Self)

Virtuelle Reality lebensechte Umsetzung in Videogames, 3-D Simulierung für Stadtplanung und Architektur usw. Eine „hybride“ Welt steht mit einer virtuellen Welt und mit der realen Welt in Wechselwirkung. Jede virtuelle Welt ist durch die reale Welt bestimmt. Sie ist durch Hardware wie Server und dessen Programmierung von der realen Welt festgelegt. Jede virtuelle Welt beeinflusst die reale Welt, weil die Teilnehmer durch die virtuelle Welt beeinflusst werden. Ressourcenknappheit, Schutz des Ökosystems und Eindämmung des Klimawandels sind elementare Antriebe, um wirtschaftliche Prozesse zu verändern. Wie natürliche Ressourcen um einen „Faktor X” intelligenter und effizienter genutzt werden können, ist ein Kernelement der Arbeit z.B. des Umweltbundesamts für eine global-nachhaltige und zukunftsfähige Entwicklung.

Das Nutzungsverhalten verändert sich und bringt immer neue Dienste hervor. Im ständigen Fortschritt werden materielle Güter zu Online-Diensten und Plattformen verlagert. Beide Welten, digitales und reales Leben, verschmelzen immer enger miteinander und zwar zugunsten der digitalen Seite des Lebens. Das hat aber zur Folge, dass sich die Dinge des täglichen Lebens entmaterialisieren. Nutzer erleben die Entmaterialisierung beispielsweise hinsichtlich Dateien auf dem Computer, dem Handy und dem iPod. Sie erscheinen nur noch kurzfristig zum Abhören, Bearbeiten in der realen Welt und schon sind sie wieder in der virtuellen Welt verschwunden, gestreamt von einem großen Supercomputer, „Cloud Computing“. Schriftverkehr in Papierform wird seltener abgewickelt, vielmehr werden E-Mails und Online-Dienste genutzt. Auch Produkte mit teils hohem emotionalen Wert wie Bücher, Videos und Fotos, werden digital gespeichert und abgerufen. Selbst der Zahlungsverkehr wird zunehmend entmaterialisiert, Bargeld soll vollständig abgeschafft werden. Kreditkarten und EC-Karten, das bargeldlose Einkaufen, sollen schon bald der Vergangenheit angehören, allein durch die Benutzung des Smartphones soll bezahlt werden können. Veränderungen im beruflichen Umfeld sind zunehmend spürbar, die gesamte Arbeitsweise hat sich durch die Digitalisierung und Entmaterialisierung gewandelt: Meeting per Skype-Konferenz, Freiberuflichkeit und Home Office, neue Produktideen als Marketing-Strategien werden getwittert, Bereitschaft und letzten Endes der Druck, praktisch immer und von überall zu arbeiten, Kundenakquise und -pflege, Mitarbeiterbeziehungen, Imageförderung, Arbeitszeiten, Arbeitsweise und -modelle, alles im immer rasanteren Wandel.

Mithilfe der heutigen technischen Möglichkeiten werden einzelne Komponenten zusammengeführt, Menschen vernetzen sich und ihre Gegenstände miteinander, reduzieren der Alltag auf wenige, wichtige Elemente. Prozesse und Produkte werden automatisiert und digitalisiert und entmaterialisieren Stück für Stück Dinge des Alltags. Die Gesellschaft profitiert von dieser Entwicklung und vereinfacht dadurch ihr Leben, gleichzeitig entsteht aber auch ein Gefühl der Abhängigkeit und Fremdbestimmtheit. Das zentrale Grundrecht unserer Verfassung - die Würde des Menschen – garantiert Recht auf Privatsphäre, informationelle Selbstbestimmung, Kontrolle über persönliche Daten und Freiheit im Sinn von Unabhängigkeit. Global vernetzte kommerzielle Internetorganisationen und Lobbyismus scheinen prinzipiell bewährte Zustände, Prozesse, Systeme und Werte mit dem Ziel von Wirtschaftswachstum, Umsatz und Profit tiefgreifend zu verändern.

So strebt Google u.a. nach Profit. Der Konzern will mit Daten der Nutzer Geschäfte machen. Das ganze Geschäftsmodell besteht aus einer Akkumulation von informationeller Macht, die Machtchancen sind aufgrund der Digitalisierung und Vernetzung dem Konzern zugewachsen.

«Man gibt den Menschen die Illusion eines freien Zugangs mit der Welt des Internets, in Wahrheit handelt es sich um ein digitales Gefängnis durch Konzerne“[12] , so Niels ten Oever, ‚Article 19‘* Der Wettkampf der Großunternehmen (z.B. Google und Facebook) um den Zugang zu Milliarden neuer Internetnutzer sei kaum selbstlos.

Niels ten Oever arbeitet an globalen Internet-Governance-Themen: Digitale Rechte und digitale Sicherheit, freier Zugang zu Informationen und Meinungsfreiheit. Millionen User autorisieren Google, eine neue Art crossnationaler und überstaatlicher Machtstruktur aufzubauen. Die Machtverhältnisse von Bürger, Staat und Unternehmen der Wirtschaft werden neu definiert. Die Kontrolle über das Internet ist der entscheidende Faktor: Wer Informationen kontrolliert, abrufen und richtig interpretieren kann, wird mehr Macht über die Gesellschaft und den einzelnen Bürger erlangen.

---

[12]Vgl.http://www.bluewin.ch/de/leben/nachhaltigkeitsblog/2015/15-06/wie-selbstlos-investieren-google-und-facebook-in-afrika.html

*“Everyone has the right to freedom of opinion and expression; the right includes freedom to hold opinions without interference and to seek, receive and impart information and ideas through any media regardless of frontiers.”

Ist die digitale globale Vernetzung als Allheilmittel und heilsversprechende Ideologie nachhaltig in der Lage, Weltprobleme zu lösen?

Wie wird sich das politische Zusammenleben verändern, wie wird sich das Bildungssystem ändern, wie die Arbeitswelt, wie das Zwischenmenschliche?

In „Eva" - ein preisgekrönter Science-Fiction-Film über Robotik (anno 2041) vom spanischen Regisseur Kike Maíllo (Goya Filmpreis), werden philosophische Fragen nach künstlicher Intelligenz, dem eigenen Willen, der Bedeutsamkeit und Sinnhaftigkeit von Individualität und Emotionalität menschlicher Existenz aufgeworfen und visuell beeindruckend umgesetzt.

Die Vorstellung, dass die technischen Entwicklungen quasi automatisch zu einer Umgestaltung unserer Lebenswelt führten, diene nur dazu, die Machtinteressen zu verschleiern, die dabei im Spiel seien. Es müsse sich jedes Individuum wie der Kapitalismus selbst verhalten: Rastlos, immer bereit für den nächsten Tweet, den nächsten Facebook Eintrag, kritisiert Jaron Lanier.

Basis für eine alternative digitale Gesellschaftsstatik wäre, konsequent alles im Netz zu monetarisieren. Um die Mittelschicht zukunftsfähig zu machen, müsse der ‚UmsonstFetisch' im Netz beendet werden. Menschen müssten für die Informationen bezahlt werden, die sie geben, wenn die Informationen wertvoll seien, argumentiert Lanier. Technisch umgesetzt werden solle das durch „TwoWayLinks", die zurück auf den Urheber weisen.

„Unsere Welt und unser Leben werden

durch die einander widerstreitenden Tendenzen

der Globalisierung und der Identität

geprägt"

Manuel Castells

4.1 Kommunikation und Werbung

Das Internet wird zu unserer zweiten Natur, zur Digisphäre, denn die Digitalisierung erfasst alle Bereiche der Wirtschaft und Gesellschaft, dringt sogar in die Körper ein: Menschen und Maschinen verschmelzen. In zentralen Bereichen der Wirtschaft wie beispielsweise Automotive, Anlagen- und Maschinenbau, Energie und Gesundheit entstehen neue Wertschöpfungsketten. Damit entstehen neue Serviceangebote und Produkte, neue Geschäftsmodelle und innovative Dienstleistungen. Disruptive Innovationen (mehr als nur Produktverbesserungen), treiben als Start-Ups digitale Transformation ganzer Branchen[13] voran und drängen alte Anbieter vom Markt.

Gestiegenes Wohlstandsniveau, Anspruchsdenken, Hedonismus, Narzissmus, Egoismus, Werteverfall und Entsolidarisierung generieren eine ‚unruhige Gesellschaft' (Dirk Baecker)

Der Drang zur Perfektion (auf Noten- und Leistungssystem hin geeicht) ist dem Menschen eigen und wird in der „digitalen Welt" auf die Spitze getrieben. Die digitalen Vernetzung in der ‚smarten Welt' und die technische Gestaltung von Gesellschaft und Wirtschaft lassen den „analogen" Menschen als größtmögliche Fehlerquelle erscheinen: Nicht effizient genug, nicht schnell genug, unvollkommen und gegenüber Anforderungen immer schneller laufender Informationen und maschinengestützter Entscheidungen fast hilflos. Die soziotechnische Interaktion zwischen Technik und Mensch erscheint problematisch: Der Mensch stellt eine universelle Sicherheitsschwachstelle in kaum fehlertoleranten technischen Systemen dar.

So sind aus digitalen Netzwerken „Social Trademarks" kreiert worden, zur Digitalisierung bestehender Abläufe: Markenma-

---

[13] Software/IT, Hightech/Energie/Mobilität, Kommunikation, Mikroelekronik, Biotechnologie, Games/Unterhaltung, IT-Dienstleistung

nagement, Markenkommunikation, Reputation im Internet, vernetztes Arbeiten und vor allem Social Media für Unternehmen, mit dem Ziel der Vereinfachung des Lebens durch Digitalisierung. Wie Google, Apple, Amazon etc. soll das Internet für den Normalnutzer beherrschbar werden. Social Trademarks strukturieren die für viele unüberschaubare Vielfalt und filtern das aus dem Netz, was der User dann verarbeiten kann.

So setzen Werbe- und Mediaagenturen u.a. auf „Multiscreen-Kampagnen“ und postulieren, dass gehäufte Screen Wahrnehmung nachweislich zu mehr Markenwahrnehmung und –beliebtheit führen wird. Eine gezielte Werbeaussteuerung mit aufeinander aufbauenden Motiven über unterschiedliche Screens ermöglicht dies, wenn mehr Screens bei der Ausspielung von Werbemotiven zum Einsatz kommen („Sequential Targeting“). Die verschiedenen Screens werden der jeweiligen Zielgruppe exakt angepasst und erreichen sie auf ihren aktuell genutzten Endgeräten. Die Zielgruppe wird über die gesamte Customer Journey[14] begleitet. Andere Kommunikationsmaßnahmen, um sich zu positionieren und nachhaltig am Markt zu halten, sind sog. ‚Branded Entertainment’: Platzierung eines Medienproduktes mit dem Ziel, bestimmte Produkte über Handlungen in Szene zu setzen, um sie effizient zu vermarkten. Der Inhalt wird von dem Unternehmen produziert, welches hinter dem Produkt oder der Marke steht. ‚Content Marketing’ grenzt sich davon dergestalt ab, dass nicht positive Darstellungen des eigenen Unternehmens mit seinen Produkten in den Mittelpunkt rücken, sondern durch Wissen, Informationen und/oder Unterhaltung das Wertversprechen durch

[14] Eine Customer Journey eines potenziellen Kunden über verschiedene Kontaktpunkte mit einem Produkt, einer Marke oder einem Unternehmen kann sich über mehrere Stunden oder Tage erstrecken. Gängige Zielhandlungen sind Käufe, Bestellungen oder Anfragen.

den Inhalt demonstriert wird. Die Idee der digitalen Utilities[15] („Betriebsmittel“) ist einfach und einleuchtend. Versprechen werden durch digitale Services ersetzt. Marken werden nicht nur durch Kommunikation angepriesen, sondern statt Versprechungen durch Nutzwert der Leistungsfähigkeit in Form meist digitaler Anwendungen erlebbar. Man verspricht sich durch diesen Service eine erhöhte Markenbindung.

In der Online-Werbung greift man zunehmend auf die sog. ‚Native Advertising' zurück: Die Internetnutzer blenden mittlerweile weitgehend personalisierte Werbung aus, so dass Werbende die bezahlte Werbung so gestalten und platzieren, dass sie sich im Stil und Anmutung des szenischen Umfelds anpasst. Konsumenten nehmen dann die transportierte Werbeabsicht nicht sofort wahr -wenn überhaupt- und konsumieren doch das gemeinte Produkt unbewusst.

---

[15] Liste von digitalen Utilities: : digitalintelligencetoday.com

4.2 Arbeitswelt

Das Verhältnis von Arbeitgebern und Arbeitnehmern hat sich mit den fortschreitenden Einsatz neuer Technologien verändert. Digitalisierung und Automatisierung verändern Arbeit und Leben rasant. Technologische Neuerungen gilt es so zu vermitteln, dass eine hohe Motivation und Akzeptanz einzelner betroffener Mitarbeiter erreicht werden kann. Nicht nur neue Märkte und Produkte werden erschaffen, sondern auch neue Arbeitsmodellen für Mitarbeiter und Unternehmen mit Auswirkungen auf die Arbeitsorganisation. In diesem Zusammenhang wurde der Begriff Industrie 4.0 kreiert.

Neue Arbeitssysteme für Dienstleistungs- und Produktionsprozesse, gleichzeitig der Einsatz notwendiger neuer Assistenzsysteme und Serviceroboter, müssen den Anforderungen zunehmender Automatisierung von Planungs- und Steuerungsprozessen in der Produktion gerecht werden. Arbeit mit Hilfe der neuen Technologien muss prinzipiell vielseitiger gestaltbar sein.

Die treibende Kraft des Wandels von Human-Resources(HR) - Prozessen ist ihre Digitalisierung zur Optimierung; sie dient zwar einerseits der Kostenreduktion und baut aber andererseits Arbeitsplätze ab, so die Skeptiker: Chance oder Schreckensszenario?

Im Blick auf die Zukunft der Arbeit diagnostizieren Kritiker, werde sich eine Form von digitaler Klassengesellschaft etablieren. So prophezeit Sascha Lobo[16], dass der „Plattform-Kapitalismus" mehr Arbeitsplätze vernichte als neue Formen der Arbeit zu schaffen. In Zukunft dürften die Arbeitsverhält-

---

[16] Vgl. Richard David Precht im Gespräch mit Sascha Lobe, ZDF 20.10.2014, „Macht das Netz arbeitslos?"

nisse äußerst prekär werden; der digitale Fortschritt- unaufhaltsam und irreversibel- führe in die „Dumping-Hölle“: Einige wenige beherrschten und bestückten die Computer, während die Mehrheit dem folge, was der Rechner ihnen vorschreibe. „Es öffnet sich die Schere zwischen den Menschen, die das Schwierige beherrschen, was Computer, Navis und Apps (noch) nicht leisten – und zwischen den Menschen, die am Schwierigen scheitern und deshalb die Arbeit mit Computern verrichten, die ihnen Instruktionen erteilen. Die Ersteren werden gut bezahlt, die anderen müssen Lohndumping befürchten. Die Frage liegt auf der Hand: Was bleibt uns noch an eigenständiger Arbeit oder was kann der Computer noch nicht? Das ist (für heute) klar: planen, entwerfen, verkaufen, überzeugen, designen, vermarkten, erforschen, innovieren, gründen, führen, erziehen, Konflikte lösen, Frieden schaffen, Nachhaltigkeit erzeugen, entscheiden, initiieren und managen“[17]

Geprägt durch den zunehmenden Wandel der Wirtschaftsstandorte zu Service- und Dienstleistungsstandorten steigt auch der Druck zu Effizienzsteigerungen im Bereich des nunmehr größten Kostenfaktors, des Personals. Die Entwicklung hin zum Service- und Dienstleistungsschwerpunkt macht die Digitalisierung und die Nutzung der neuen Technologien erforderlich, beispielsweise der Einsatz von IT-Lösungen zum Big Data Mining, da sich Analysen, Prozesse und Personalplanung angesichts der neuen Anforderungen nur noch mit Hilfe computergestützter Netzsysteme effizient bewältigen lassen. HR-Verantwortliche müssen künftig nicht nur über ein Gespür für die Bedürfnisse von Unternehmen und Mitarbeitern verfügen, sondern sich auch mit den Möglichkeiten der digitalen Datenverarbeitung und Analyse und den strategischen An-

---

[17] Gunter Dueck, in: DIE WELT , 06.09.14, Shift happens

forderungen der Unternehmensentwicklung befassen. Dafür müssen Unternehmen stärker denn je auf die individuellen Bedürfnisse ihrer Mitarbeiter achten. Diese werden heute von Unternehmen und HR-Verantwortlichen als Menschen mit zahlreichen Bedürfnissen wahrgenommen. Schlagworte wie Vereinbarkeit von Familie und Beruf, Work-Life-Balance und soziale Kompetenzen sind für die aktuelle Diskussion und Ausrichtung der HR-Arbeit entscheidend. Mittlerweile kann man sich in fast keinem Beruf leisten, permanent nicht erreichbar zu sein, d.h. die Trennung zwischen Arbeitswelt und Freizeitwelt gibt es eigentlich schon gar nicht mehr, sie ist praktisch aufgelöst. Durch die Mobilisierung des Netzes bedeutet das nicht nur eine zeitliche, sondern auch eine räumliche Auflösung. So wie bei vielen neuen Technologien, erfolgt aber eher eine Unterwerfung als ein Zuwachs an Freiheit und Freizeit.

Für orts- und zeitunabhängiges Arbeiten spricht die Erkenntnis, dass Menschen mit einer ausgewogenen Work-Life-Balance zufriedener und leistungsfähiger sind. Mit einem flexiblen Arbeitsmodell der Arbeitgeber können sie zum Beispiel bei sozialen Veränderungen – der Geburt eines Kindes oder einem plötzlichen Pflegefall in der Familie – Berufliches und Privates besser koordinieren und vereinbaren. Es gibt schon immer mehr Betriebe mit einer E-Mail-freien Zone von Freitagabend bis Montag früh. Fehlt diese oder ähnliche Unternehmenskultur, besteht die Gefahr, dass gut ausgebildete Mitarbeiter mit besten Chancen auf dem Arbeitsmarkt das Unternehmen verlassen. Flexible Arbeitsmodelle sind also auch ein Instrument, um Mitarbeiter an sich zu binden sowie potenzielle Mitarbeiter für sich zu begeistern.

„Ich sage nicht, dass Google unternehmerisch alles falsch macht, aber die Grundregel eines anständigen Unternehmens heißt: „Sei menschlich, nimm Abstand!“ Insofern sind Unternehmen wie Google oder Facebook nicht-anständige Unternehmen, weil sie Paradebeispiele für die Totalinklusion ihrer Mitarbeiter sind. Sie sind distanzlos, wollen den ganzen Menschen, heben die Trennung zwischen Privat- und Berufsleben auf. Wenn sie über 40 Jahre alt sind, werden sie da erschossen. Die Zentrale von Facebook im Silicon Valley ist ein Großraumbüro, das 100 Meter breit und 500 Meter lang ist. Dort prangt ein Plakat an der Wand mit dem Spruch: „Unsere Arbeit endet nie.“ Das illustriert ein Maximum an Zudringlichkeit, das längst erreichte Zivilisationsgewinne erodieren lässt“ [18]

Anstand, so Sprenger, sei Zurückhaltung und Distanz, nicht ein Übermaß an Zudringlichkeit, etwa in Form von Befragungen, falsch verstandener Fürsorglichkeit, Einforderung von Identifikation. Die Mitarbeiter verlören Frei- und Spielräume, nützliche Unterschiede nivellierten sich. Den Entmündigten falle ihre Entmündigung oft gar nicht auf. Es handele sich weder um sittlichen noch um ökonomischen Fortschritt.

---

[18] Sprenger, Reinhard K., in: Cicero 10- 2015, S. 96

vgl. Sprenger, Reinhard K. „Das anständige Unternehmen“, DVA-Verlag, München 2015

4.3 Bildung

„Wer braucht noch ein Gedächtnis, wo es doch Google gibt?", so Jimmy Wales, der Gründer der Online-Enzyklopädie Wikipedia

Die These der „digitalen Demenz" vom Hirnforscher Manfred Spitzer[19], Computer, Handys, Navis oder Spielkonsolen machten blöd, dumm und einsam, vor allem Kinder seien gefährdete Opfer der digitalen Revolution, löste heftige Diskussionen aus. Spitzer argumentiert, dass geistige Aktivitäten bei Kindern, delegiert an digitale Instrumente, abnähmen und Bildschirmmedien die Denk- und Lernfähigkeit behinderten. Das habe dann auch nachhaltig soziale Folgen bis hin zu Aufmerksamkeitsdefiziten und Zunahme der Gewaltbereitschaft. Digitale Medien machten süchtig. Sie schadeten langfristig dem Körper und vor allem dem Geist. Wenn wir unsere Hirnarbeit auslagern, ließe das Gedächtnis nach. Nervenzellen stürben ab, und nachwachsende Zellen überlebten nicht, weil sie nicht gebraucht würden.

„In den letzten Jahren und Jahrzehnten, auch Jahrhunderten muss man sagen, sind die Leute immer klüger geworden. Das ist der sogenannte Flynn-Effekt, das heißt, trotz oder vielleicht gerade wegen der vielen Informationen, die sie bekommen, der Komplexität des Alltags, bekommen die Personen es doch offenbar hin, nicht ganz ihren Verstand zu verlieren, sondern sie können abstrakte Konzepte, Denkleistungen viel besser bewältigen", so der Medienpsychologe Markus Appel.

---

[19] Manfred Spitzer, Digitale Demenz: Wie wir uns und unsere Kinder um den Verstand bringen, Droemer 2012

Die Furcht vor einer digitalen Demenz erscheine eher unbegründet. Das (digitale) Abspeichern von Daten, die man sich sonst merken müsste, erleichtere das Lernen neuer Informationen. Wie ein digitaler Besen schaffe der digitale Speichervorgang Raum für neuen Stoff...[20]

Die Netzwerkgesellschaft wird durch eine omnipräsente Sorge um die Zukunft geprägt.

Man will sich für die Zukunft vorsehen und sämtliche Risiken im Blick auf Krankheit, schlechte Gene und Misserfolg minimieren. Mit möglichst viel Wissen, formellen Bildungsabschlüssen, Referenzen, Zeugnissen und Auszeichnungen gilt es, sich wirkungsvoll in Netzwerken zu positionieren.

Die Entwicklung zu einer globalen Wissensgesellschaft ist unaufhaltsam. Online-Kurse erlauben es immer öfter, sich unabhängig von sozialem Status, Ort und Bildungsabschluss weiterzubilden. Die eigenen Informations-, Medien- und Technologiekompetenzen werden deswegen zunehmend wichtiger. Digitale Lern- und Austauschformate fördern die grenzüberschreitende Vernetzung, denn globale Wissensnetzwerke sind für die interdisziplinäre Lösung wichtiger sozialer, politischer, wirtschaftlicher und ökologischer Zukunftsfragen unentbehrlich.

Mit der Zunahme der massenhaften, kaum überschaubaren Informations- und Wissensflut und einer sinnvollen Verarbei-

---

[20] Spiegel Online, 2015, Nora Schultz, Computer und Gehirn: Der Mythos von der digitalen Demenz

tung wird eine neue Instanz erschaffen. „Knowledge Broker", Wissens-Vermittler (Makler), sorgen für den ‚gefilterten' Wissenstransfer: Von der Wissensquelle (Forscher, Entwickler, System-Integratoren oder Autoren) zur Nachfrage. Knowledge Broker sind zuständig für den Zugang zum Wissen, für Verknüpfung verschiedener Wissenspools und der Implementierung des Wissens an der angeforderten Stelle.

Das Lernen verselbstständigt sich zunehmend durch technische Medien und Hilfsmittel, wie beispielsweise Tablet-Computer, interaktive Whiteboards und Smartphones. Das Recherchieren und Kommunizieren, Erarbeiten, Lernen und Präsentieren von Arbeitsergebnissen sind nicht mehr an einen bestimmten Ort und eine bestimmte Zeit und damit nicht mehr an die traditionellen Lehr-Lern-Arrangements gebunden. Der Zugang zu Informationen verändert auch die Schule, der Lehrer wird weniger als Wissensvermittler gesehen, sondern als Lernbegleiter (‚Lerncoach'), seine Schüler beim kritischen und produktiven Umgang mit der Informationsflut begleitend und unterstützend. Als problematisch sieht Hartmut von Hentig[21], dass Lehrer auf eine digitalisierte Welt vorbereiten, die sie selbst kaum kennen. Wissen ist dank der informations- und kommunikationstechnologischen Revolution grenzenlos und grenzübergreifend reproduzierbar, der Begriff ‚Wissensgesellschaft' hat sich etabliert.

Allgemein ist damit die wachsende Bedeutung von Wissen – technologischem Wissen und Handlungskompetenz – in fast allen Lebensbereichen insbesondere auch in der Wirtschaft der modernen Gesellschaft gemeint. In Industrie und Dienstleis-

---

[21] Vgl. Hartmut von Hentig, Ach, die Werte! Über eine Erziehung für das 21. Jahrhundert, Beltz: Weinheim/Basel 2007, 4. Auflage

tungen werden zunehmend anspruchsvollere Technologien eingesetzt werden, eine Verlagerung der Wertschöpfung und der Arbeitsplätze vom Industriesektor hin zum Dienstleistungssektor findet zunehmend statt. Damit werden veränderte Kompetenzen und eine Neuorientierung des Bildungsbegriffs gefordert. „Unser Bildungssystem vermittelt hauptsächlich Wissen und einiges an Verstehen. Das ist nicht falsch und wird weiterhin gebraucht, aber wie steht es zu diesen neuen Fertigkeiten der künftigen höheren Berufe? Diese „Skills" kommen nicht im Kindergarten vor, nicht in der Schule und sind kein Thema an der Universität! Das Erziehungssystem befasst sich noch gar nicht mit unserer aller Zukunft. Diese neuen Skills sind Fähigkeiten, die man nicht über Stoffvermittlung lernt." „Wir brauchen Empowerment statt Enlightenment (‚Erleuchtung', Aufklärung). Unsere Kinder sollen "empowered" sein, sich selbstverantwortlich-selbstbestimmt entwickeln können. Sie müssen die Kraft in sich fühlen, alle ihre Begabungen voller Freude für sich und die Gemeinschaft zu entwickeln."[22]

Informationskompetenz, die Fähigkeit, sich methodisch und kritisch zu informieren, muss wie Lesen, Schreiben und Rechnen als Basisqualifikation einer modernen Gesellschaft angesehen werden. Menschen müssen beruflich und gesellschaftlich notwendiges Wissen erwerben, es kritisch überprüfen und gegebenenfalls unbrauchbare Wissensbestände verwerfen angesichts schnellen Wissenszuwachses. Die Forderung nach freien Bildungsmaterialien verlangt den Einsatz sogenannter ‚Open Educational Resources (OER)'[23] im Bildungssektor,

---

[22]Gunter Dueck, a.a.O.

[23] Die offene Ressource, die seitdem im Bildungswesen am weitesten Verbreitung gefunden hat, ist sicherlich die in 2001 erschaffene Online-Enzyklopädie Wikipedia.

d.h. freie Lizenz für alle Texte und Materialien. Bibliotheken und Fachinformationszentren als traditionelle und etablierte Informationsquellen werden transformiert in leistungsfähige vernetzte Organisationssysteme, übergreifende Portale und Plattformen ermöglichen Information, Wissensaustausch und neue Publikationsformen. Die Vernetzung von Internet, Intranets, Forschungsnetzen sowie Publikations- und Liefersystemen für konventionelle, gedruckte Information zur multimedialen, interaktiven Information ist Realität geworden.

Das Internet wird zunehmend auch zu dem Ort, an dem Wissen generiert und aufgrund der weltweiten Vernetzung kommunizierbar wird, über bestehende Sprachbarrieren hinaus.

Wissen und Ideen werden aktiv in webgestützten sozialen Netzwerken geteilt, diskutiert und ergänzt. Beiträge von Lernenden sind daher nicht nur Endprodukte, sondern auch Ansatz zur Verfeinerung und Aktualisierung. Lernen im Web 2.0 stellt sich als Prozess dar: Grenzenlose Information in sinnvolles Wissen überzuführen, bedarf es der Vermittlung analytischer, kritischer und normativer Fähigkeiten, Schlüsselkompetenzen im Rahmen des Lernens 2.0, das bedeutet lebenslanges Lernen. In der Netzwerkgesellschaft spielt Aus- und Weiterbildung aufgrund des zentralen und immateriellen Werts „Wissen“ eine entscheidende Rolle. Kollektives Wissen, nicht Einzel- oder Individualleistungen, ist stärker gefragt; es geht um die bestmögliche Vernetzung von unterschiedlichem Wissen. Können wird im Verhältnis zu Wissen zunehmend relevanter. Das Wissen ist immer weniger eine individuelle als vielmehr eine kollektive Ressource einer Organisation. Eine neue Lernerfahrung verspricht der „Coder Dojo-Ansatz“[24], ein globales Netzwerk, das Programmieren und Computertechno-

---

[24] Barbara Schilling, Brauchen wir in der digitalen Welt noch Schule? http://blog.synaix.de/2015/08/brauchen-wir-in-der-digitalen-welt-noch-schule/

logie als Lehrstoff anbietet: Es wird kein fester Lernstoff vorgegeben, sondern die Lernende beschäftigen sich freiwillig und selbstbestimmt mit Inhalten, die sie interessieren und treffen auf Gleichgesinnte, mit denen sie sich austauschen können. Im Rahmen des innovativen Projekts „paducation“ erwies sich die Einbindung mobiler Geräte wie dem iPad hilfreich zum Übergang in die Informationsgesellschaft und die schnelle Entwicklung der multimedialen Technologien, so das Credo vieler im Bildungsbereich Tätigen. Ihre Faszination gehe aus von dem Touchscreen mit seiner „Wischtechnik“ und von den vielen kleinen bunten Apps und dem Einsatz im Unterricht, insbesondere in den „MINT“ Disziplinen. Die Sinnhaftigkeit der Durchführung hinsichtlich der Art des Wissenserwerbs und des Lernerfolges sind aber umstritten. Einer Studie der Bertelsmann Stiftung[25] zufolge, sei allerdings das Ergebnis ziemlich ernüchternd. Außer Computerkompetenz käme für die Schüler wenig herüber. Durch die Laptops im Unterricht verstärkte sich eher ein Trend zur „Oberflächenkompetenz“. Ingo Stermann[26] stellt sich die Fragen aus der Sicht seines Arbeitsfeldes als Facharzt der Erwachsenen- wie Kinder- und Jugendpsychiatrie, inwieweit gelten („höher, schneller, weiter,

[25] Studie der Bertelsmann Stiftung. 2014 Wie wirksam sind digitale Medien im Unterricht?

[26] Ingo Stermann, Psychiater, Möglichkeiten und Gefahren der Neurobiotechnologie in: Zeitschrift für aktuelle Fragen, Kulturelemente, Nr. 110 Oktober 2013

Der Einsatz digitaler Medien in der Schule führt nicht per se zu einem besseren Unterricht. Ob Tablets, Smartphone oder Laptops förderlich fürs Lernen sind, hängt vielmehr vom konkreten Unterrichtskontext ab, in dem sie eingesetzt werden.

mehr“) die physikalischen Komparative und superlativen Ambitionen der körperlichen Welt auch für den Geist, auch für die Psyche, auch für das mitmenschliche Existieren und Reifen? Was bedeutete es für das einzelne Individuum, für das menschliche Miteinander, wenn Wissen in Nullzeit zur Verfügung stehe und nicht mehr erworben, erkämpft, erfahren und erlitten werden müsse? Wie werde Lernen und wie werde Entwicklung sein, auch hirnorganisch, wenn Wissenspakete ohne sinnliche Erfahrung, ohne Lernstress einfach eingebaut, zugeschaltet, an- und ausgeknipst, ausgetauscht werden könne?

„Jede brauchbare Behauptung über die Zukunft sollte erst einmal lächerlich klingen“

Futurologe Jim Dator.

Charisma ließe sich nicht mehr durch zeitweilige Abwesenheit steigern, sondern offenbar nur durch Dauerpräsenz in Dauerkommunikation, so Adam Soboczynski.[27] Wer schweigt, zähle nicht, wer schweigt, dem werde die Freundschaft aufgekündigt. So wie man des Hofes sozialdarwinistisch verwiesen wurde, wenn man die Gäste langweilte. Soziale Netzwerke bildeten ein Reich von Höflingen, die galant auf sich aufmerksam machen. Sie sondern den Zögerlichen, den Nachdenklichen, den Schüchternen aus Der schweigsame Sonderling, dem man einst – ob berechtigt oder nicht – Intellektualität unterstellte und Seelentiefe, fände im Netz keine Ausdrucksform.

Das ‚Ich" als Marke gilt es im World Wide Web in perfekter Präsentation und Vermarktung umzusetzen, wobei in den sozialen Netzwerken zunehmend berufliche und private Sphären verwischen, die Grenze zwischen sozialen und dezidiert beruflich orientierten Netzwerken (LinkedIn) löst sich zunehmend auf. Ein Zwang zur ständigen Selbstoptimierung und -kontrolle seiner Außendarstellung verhindert das Abgleiten in die Bedeutungslosigkeit: Updaten wird Pflicht.

„Are you known? Are you sexy? Had you won?",

Susan Faludi, amerikanische Journalistin und Autorin (Pulitzerpreis)

[27] Adam Soboczynski, Höfische Gesellschaft 2.0, 22. Oktober 2009 in: http://www.zeit.de/2009/44/Gesellschaft-Soziale-Netzwerke

Man glaubt, besser, schneller, schöner, gescheiter, cooler sein zu müssen, als man tatsächlich ist. Wenn man nicht auffällt, wird man nicht wahrgenommen. Verfehlt man seine Wirkung, droht man aus den Netzwerken zu kippen, die den Erfolg garantieren. Man ist sich deshalb bewusst, dass jede Entscheidung falsch sein könnte. Um seine Wirkung zu erhöhen, tuned sich das Individuum auf. Identität ist weitgehend eine ökonomische Identität, die in ökonomischen Systemen entsteht. Wenn aber Individualisierung und damit Identität stark konsumgeprägt ist, dann sind auch reale und virtuelle Wirklichkeiten konsumgeprägt.

Die Netzwerkgesellschaft generiert eine neue Gesellschaftsordnung mit zunehmend neuen Identitäten: an der Spitze die Netzwerksteuerer und die Netzwerkausübende am Ende. In der Netzwerkökonomie ist das Internet zur Infrastruktur der globalen Gesellschaft geworden. Technische Konnektivität steht außer Frage, in der kulturellen Konnektivität aber liegt die Herausforderung künftiger Beziehungsqualitäten. In einer volatilen, vernetzten Welt ist es fast unmöglich, Veränderungen verlässlich zu antizipieren und sich auf mögliche Folgen vorzubereiten. Szenarien und denkbare Zukünfte können technologische und kulturelle Entwicklungen berücksichtigen und wahrscheinliche Auswirkungen auf gesellschaftliches Verhalten und Wertvorstellungen nur bedingt vorhersagen. Das Internet, der Computer und die damit einhergehenden Vernetzungen sollten Menschen Zugang zu einem künftig gutem Leben eröffnen, Aussicht auf eine bessere Welt verheißen und harmonische Beziehungen der Menschen untereinander, Freiheit, selbstbestimmte Arbeit und demokratische Partizipation aller versprechen. Die Zukunft der Gesellschaft aufgrund der informationstechnischen Revolution, so das neue Heilsversprechen, liegt in den Netzwerken. Offener Profilaustausch in sozialen Netzwerken, private Informationen möglichst vielen Menschen möglichst leicht zugänglich zu machen, freiwillig

Anonymität und Privatsphäre aufzugeben, widerspricht allerdings weitgehend den Schutzbedürfnissen der Nutzer. Märkte verändern sich mit dem ‚Internet der Dinge' aufgrund radikaler Innovationen. In einer Symbiose zwischen technischer und humaner, virtueller und realer Umwelt entsteht die ‚smarte Welt'. So verspricht Microsoft-Gründer Bill Gates die Benachteiligten mit der grenzenlosen Verfügbarkeit von ‚Wissen' per ‚Information at fingertips' zu Wissenden zu machen. Menschen haben sich an ein digitales Netzwerk gewöhnt, das ein universelles Feld an Informationen zu Wissenserwerb eröffnet. Frank Schirrmacher[28] mahnte und warnte in seinen Debatten und Beiträgen immer wieder vor einer Orientierungslosigkeit in einer digitalisierten Gesellschaft, vor Isolation der Individuen und Überwachung. Der Drang nach Sicherheit verstärkt Aktivitäten zu mehr Überwachung seitens der Regierungen und ihrer Bürger. Insbesondere nach dem islamistisch motivierten Terroranschlag am 7. Januar 2015 auf Charlie Hebdo werden Forderungen nach strengeren Sicherheitsgesetzen immer lauter: massenhafte Datenspeicherung (Vorratsspeicherung, Flugdaten), Kontrolle von sozialen Netzwerken, Überwachung von E-Mails usw.

Zunehmend regen sich in der digitalen Welt Zweifel, regiert Misstrauen und auch Angst: Mächtig und scheinbar unkontrollierbar werden Datensammelwut der Netzkonzerne und Geheimdienste bekannt. Menschen hinterlassen Informationen nicht nur im Internet, sondern überall. Komplette Identitäten werden digitalisiert, analysiert und abgespeichert. Das Leben jedes einzelnen kann katalogisiert und nach politischen und wirtschaftlichen Interessen ausgewertet werden, dank Big Data und Computer-Algorithmen.

Edward Snowden enthüllte unter weltweiter Empörung einen gigantischen Abhörskandal: Anscheinend werde jeder Bürger

---

[28]Herausgeber der ‚Frankfurter Allgemeinen Zeitung', gest. 2014

umfassend belauscht und bespitzelt, Verstöße gegen geltendes Recht zu unterbinden, scheint rechtlich nicht möglich zu sein. Interessen der Wirtschaft an diesen Daten erscheinen vorrangig vor dem Interesse der Bürger am Datenschutz. Welche Teile der Wirtschaft frequentiert werden, welche wirtschaftlichen Vernetzungen die Menschen haben, ist Ziel der Ausspähaktionen. Es geht um die Steigerung der Effektivität der Wirtschaft. Weniger effektiv erwiesen sie sich zur Verhinderung von Verbrechen und zum Schutz vor Terror. Die Macht wechselt vom demokratisch legitimierten Staat, dessen Repräsentanten durch den Souverän wählbar und kontrollierbar sind, hin zu Wirtschaftsbetrieben mit der Verfügbarkeit über Daten und hin zu den auswertenden vernetzten Schlüsseltechnologien. Regulierende staatliche Maßnahmen werden durch Lobbyismus und globale Präsenz stark eingeschränkt bzw. unmöglich.

Entsprechend eines ökonomischen Utilitarismus wird die ethische Bewertung des Fortschritts nach dem puren Nützlichkeitsprinzip ausgerichtet. Die Freiheit in der digitalen Welt erscheint illusionär. Eine humanistisch gesteuerte Transformation im Blick auf Orientierung an den elementaren menschlichen Bedürfnissen scheint in weite Ferne zu rücken.

So wendet sich auch Papst Franziskus in der Enzyklika "Laudato si"[29], gegen die übermäßige Nutzung sozialer Netzwerke und kritisiert die digitalen Medien. Er geißelt die alleinige Anhäufung von Daten, die sättigend und benebelnd in „einer Art

[29] Papst Franziskus Lehrschreiben „Laudato si“ befasst sich mit dem Verhältnis zu Natur und Schöpfung, Er hofft auf eine „globale ökologische Umkehr“, 18.6.2015

geistiger Umweltverschmutzung" endeten, es entstünde eine tiefe und wehmütige Unzufriedenheit in den zwischenmenschlichen Beziehungen oder eine schädliche Vereinsamung, denn reale Beziehungen würden überwiegend durch Kommunikation per Internet vermittelt. Franziskus lehne aber nicht grundsätzlich die neuen Technologien und Innovationen der Naturwissenschaften ab, so Hans Joachim Schellnhuber.

In der schönen neuen digitalen Welt mit ihren unerwünschten Risiken, zwischen Nutzen und Schaden, muss ‚Digital' Instrument und Menschen müssen Entscheidungsträger in einer humanen Gesellschaft bleiben, sowohl in der digitalen als auch in der analogen.

Microsoft-Gründer, Bill Gates, glaubt, dass auf lange Sicht die Gefahr bestehe, dass Maschinen die Menschheit generell überflügelten und Stephen Hawking warnt vor einer neuen Maschinenintelligenz, die zur Gefahr für die Menschheit werden könne.

Der Austausch von Daten, Wissen und Informationen hat zu einem Anstieg der Produktivität und Interaktivität geführt. Menschen, die mit den dynamischen Vernetzungsprozessen nicht Schritt halten wollen oder können, erfahren aber soziale Exklusion. Mit dem Bewusstsein fortschreitender Ungleichheit werden Betroffene Widerstand bieten: unübersehbare und unüberhörbare zivilgesellschaftliche Bewegungen treten in Aktion, fundamentalistisch, ideologiekritisch, gesellschaftspessimistisch. Daraus erwachsen neue Identitäten, auch neue oder modifizierte Formen von Gesellschaftsordnungen: In einer globalen Netzwerkgesellschaft mit anscheinend überwiegend dystopischer Zukunftserwartung müssen aktuelle Macht- und Gesellschaftssysteme im Blick auf neue Lebens- und Gesellschaftsperspektiven überdacht werden.

Perspektiven für zukünftiges Leben zu entwickeln, bedeutet Ideen bzw. Visionen zu entwickeln, d.h. vorhandene Zustände und scheinbar unumstößliche Wirklichkeiten durch alternatives Denken verändern zu wollen. Illusionen und Utopien sind aber nur dann akzeptabel, wenn gesellschaftlich nachhaltige Visionen eine humane Gegenwarts- und Zukunftsbewältigung der Menschen als Absicht erklären: Ein „gutes Leben“, global für alle Menschen.

Aber müssen Utopien grundsätzlich in der Zukunft liegen? Aufgrund dystopischer Zukunftsszenarien[30] könnte aber auch die Vergangenheit als eine retrograde Utopie real werden, realutopisch.

Bei entsprechenden gesamtgesellschaftlichen Konstellationen können konkrete Utopien, bzw. Realutopien Wirklichkeit werden, sie sind keine unerfüllbaren Wunschträume.

„Konkret" bedeutet nicht, dass die Utopie schon real geworden, realisiert worden ist - sondern dass die konkreten Voraussetzungen für ihre Verwirklichung gegeben sind, dass ihre Entstehung kein bloßes Hirngespinst ist. Konkrete Utopien beziehen sich auf die Tendenzen und Latenzen in der sich verändernden Gesellschaft.

Der Philosoph Ernst Bloch, prägte den Begriff ‚konkrete Utopie’, mit dem der Zustand nach einer real möglichen Gesellschaftsveränderung gemeint ist.

---

[30]Dave Eggers läßt in seinem dystopischen Roman unter der Hegemonie « Der Circle » eine philanthrope Firma eine gigantische Datensammelmaschine als Plattform für alle nutzerrelevanten Informationen zum Wohl der Gesellschaft (Terrorabwehr und Erhalt des Friedens) entstehen: Perfektionierte Kommunikation, alle sind mit allen im soziale Austausch vernetzt, nehmen am transparenten Leben freiwillig teil, man macht sich sonst verdächtig.

Wunschvorstellungen realer Utopien artikulieren sich immer wieder neu, im wesentlichen Ordnungsutopien (Staat) und Freiheitsutopien (Gesellschaft)

So werden negative Bilder, Dystopien, die Befürchtungen und Angst auslösen, häufiger kommuniziert als Eutopien, hinsichtlich einer herrschaftsfreien, emanzipierten, sozial und ökologisch verträglichen Lebensweise. Die selbstlose Gesellschaft im Kommunismus, Sozialismus oder Kapitalismus erscheint utopisch, Verheißungen der persönlichen Wohlstandsvermehrung scheinen der menschlichen Natur näher zu sein.

Monopolisierung von überquellenden Reichtümern und Macht auf der einen Seite und auf der anderen sind etwa 1 Milliarde Menschen permanent unterernährt, und es sterben Millionen Menschen jährlich an Hunger.

Der erreichte Stand der Produktivkräfte würde aber global eine ausreichende materielle und energetische Versorgung der Menschen ohne Arbeitsstress und ökologische Zerstörung gestatten, einschließlich kultureller Bedürfnisse durch langlebige Güter, Mehrfachnutzung (‚nutzen statt besitzen'), Share-Economy, ressourcensparende Produktion usw.

Politik zum Wohle der Allgemeinheit müsse den Menschen im Mittelpunkt aller politischen Endscheidungen stellen, stattdessen werde unser gesellschaftliches System von der Logik des Wirtschaftssystems dominiert. Politikverdrossenheit, Wahlbeteiligungen auf allzeit Tiefständen, Vertrauensverlust, Machtverschachtelungen und Ohnmachtgefühle spiegeln aber, dass viele politische Entscheidungen wirtschaftsorientiert sind und vielfach eher Partikularinteressen als das Allgemeinwohl begünstigen, so der Sozialphilosoph Johannes Heinrichs[31]

Weltweit werden soziale Errungenschaften geopfert, zugunsten der Renditen. Die Welt wird ungerechter, die Vermögenskonzentration an der Spitze nimmt rapide zu.

Wenn Wachstum nicht mehr die oberste Maxime für wirtschaftliches Handeln wäre, stellt sich die Frage nach den Auswirkungen auf die Gesellschaft, auf Unternehmen und die Politik.

Alfred Herrhausen (Vorstandssprecher der Deutschen Bank 1930-1989, 30.11. 1989 von der RAF ermordet)) galt als Visionär der globalisierten Weltwirtschaft: Mit seiner seit 1987 öffentlich vehement betriebenen Initiative zur Schuldenstreichung[32] für die Entwicklungsländer versuchte er auch die Welt für das bewährte Prinzip der Sozialen Marktwirtschaft als Solidargemeinschaft zu begeistern, in linksintellektuellen Zirkeln als ‚humaner Kapitalist' anerkannt. Herrhausen lehnte sich an Havemanns[33] Überzeugung an, dass die sozialistische und kapitalistische Gesellschaft sich ständig intensiv austau-

---

[31] Vgl. Heinrichs, Johannes (2003): Revolution der Demokratie – eine Realutopie, MAAS Verlag, Berlin

[32] Bei der Tagung des Internationalen Währungsfonds 1987 forderte er, Ländern wie Mexiko ihre Schulden zu erlassen und im Gegenzug Reformen zu verlangen.

[33] Der Chemiker und Schriftsteller Robert Havemann (1910 bis 1982) war der wohl prominenteste Regimekritiker der DDR.

schen müsse, um eine neue humanere Gesellschaft hervorzubringen.

Spätestens seit der Finanzkrise scheint der Glaube am endlosen Wachstum erschüttert zu sein, ebenso die Zuversicht an einer sozial und ökonomisch gerechten Gesellschaft. Nach dem Scheitern des „real existierenden Sozialismus", mit dem dem Zusammenbruch des Ostblocks vor 25 Jahre, findet die Idee von einer klassenlosen und selbstbestimmten Gesellschaft erneuten Zuspruch: Die moderne Netzwelt des Digitalen eröffnet den Zugang zu Produktionsmitteln. Share Economy, Crowdsourcing und Collaborative Consumption sind die Buzzwords. Besitz und Arbeit erleben in diesem Kontext eine neue Interpretation („Kommunismus 2.0") in Anlehnung ‚linker' Ideologien: Abbau von Hierarchien in Wirtschaft und Politik und Einbezug von Individuen zur echten gesellschaftlichen Teilhabe und selbstbestimmten Gestaltung der Umwelt.

Ordnungspolitisch erfordert die Gerechtigkeit in unserer globalisierten Welt eine weltweite ökosoziale Marktwirtschaft, beruhend auf Elementen bürgerlicher Freiheit, weltweiter Gemeinwohlorientierung und Welt-Demokratie.

Die Beharrungskräfte des Wirtschaftssystems, die asymmetrische Machtverteilung, Ausbeutung, Gewalt, der Konflikt zwischen Arm und Reich oder Jung und Alt, müssten überwunden werden. Wachstum darf nicht mehr die oberste Maxime für wirtschaftliches Handeln sein. Auf einer lebenserhaltenden und -bewahrenden Ebene jenseits von Profitgier und Sozialdarwinismus gilt es, Wachstum und Fortschritt zu fordern und zu fördern.

"Ändere die Welt!" fordert der Schweizer Soziologe und Globalisierungskritiker und ehemaliger UN-Sonderberichterstatter Jean Ziegler[34]. Er glaube an „den Aufstand des Gewissens", so bestehe die neue planetarische Zivilgesellschaft aus vielen verschiedenen sektoriellen Widerstandsfronten, die gegen die herrschende kannibalische Weltordnung ankämpften: Attac, Greenpeace, Via Campesina* usw. und allein dem ‚moralischen Imperativ' gehorchten.

Ziegler plädiert für eine weltweite, vernetzte Zivilgesellschaft mit einem gemeinsamen Identitäts- und Solidaritätsbewusstsein, denn Wissen und Ressourcen seien vorhanden.

Eine Gesellschaftsordnung, mit den sich zu entwickelnden Funktionssystemen der Gesellschaft - Wirtschaft, Politik, Kultur und Recht - muss eigenständiges Wissen erzeugen und für sich nutzbar machen, im Sinn einer Wissensrendite.

Der transaktionsorientierte, sehr renditeorientierte angelsächsische Kapitalismus gewinnt die Macht über den sozialen Kapitalismus (soziale Marktwirtschaft), einem Kapitalismus mit Regeln für alle. Dort, wo keine Regulierung stattfindet, ist der Profit am höchsten. Es sind riesige Machtkonzentrationen entstanden, und das geschieht von der Politik eigentlich weitgehend unbeaufsichtigt und vergessen. Das scheinbar alternativlose Gesellschaftsmodell wagt trotz wirtschaftlicher und ökologischer Krise den Wachstumszwang des globalen Kapitalismus nicht zu hinterfragen.

Suffizienzpolitik, im Sinne einer Politik des ‚Weniger', Wirtschaft ohne Wachstum, findet vorerst wenig Zustimmung. Allerdings wird zunehmend über ‚Postwachstum' diskutiert.

---

[34] Jean Ziegler, „Ändere die Welt!: Warum wir die kannibalische Weltordnung stürzen müssen", C. Bertelsmann, 2015

* Pächter, Kleinbauern, Taglöhner von Honduras bis Indonesien, die gegen den Landraub durch die Konzerne in Afrika und in Südasien kämpfen

Unter den Labels Degrowth[35], Post-Wachstum oder Schrumpfwirtschaft werden sozioökonomische Theorien (gemeinwohlorientierte Geschäftsmodelle) entwickelt und gesellschaftspolitische Ziele artikuliert.

Die Sendung von Richard David Precht im Gespräch mit Sahra Wagenknecht mit dem Titel „Wann kommt der Kommunismus?"[36]problematisiert u.a. diese Sichtweise. Wie stellt sich die ‚linke' Politik den Herausforderungen unserer Zeit mit den grundlegenden Veränderungen der digitalen Revolution, so Precht und ist ein Kommunismus 2.0 eine Alternative zur vom Kapitalismus dominierten modernen Netzgesellschaft?

Kühne Zukunftsvisionen und Fortschritt kommen von den Konzernen aus dem Silicon Valley, die großen Utopien unserer Gesellschaft werden nicht mehr von der Politik entwickelt und auch nicht von Philosophen. Die Politik zeige kaum noch Gestaltungsmöglichkeiten auf und muss hinterher laufen. So zeigten wohl digitale „Nerds" Wege in eine neue linke Utopie auf, der Staat scheint aber ohnmächtig zuzusehen, wie die Gesellschaft zunehmend von der Wirtschaft regiert wird: Der Glaube an endloses Wachstum scheint erschüttert zu sein und damit die Zuversicht einer sozial und ökonomisch gerechten Gesellschaft: Finanzmärkte sind entfesselt, Kapital wird konzentriert, Arbeitsverhältnisse werden prekär, soziale Systeme befinden sich in der Krise. Das kapitalistische Gesellschaftssystem bedarf dringend einer Überprüfung, Kapitalismuskritik ist wieder en vogue. Das entscheidende seiner (Marx) Utopie sei, dass das wirtschaftliche Leben im Grunde dienend sei, so dass die Menschen ihre wirtschaftliche Aktivität so gestalten,

---

[35] 2015: Leipziger „Internationalen Degrowth-Konferenz für ökologische Nachhaltigkeit und soziale Gerechtigkeit" weist auf den Anspruch hin, Ökologie integral mit sozialer Gerechtigkeit zu verbinden

[36] Richard David Precht, 26. April 2015, ZDF-Sendung "Precht" mit Sahra Wagenknecht (Die Linke): „Ist der Kommunismus wieder im Kommen?"

dass sie ihnen ein gutes Leben ermöglichten, dass nicht die Menschen die Getriebenen in so einem Hamsterrad seien und für irgendetwas anderes da sein müssten, sondern dass der Mensch im Zentrum stünde. Und davon seien wir ganz weit entfernt, so Sarah Wagenknecht.

Moderne Technologien und die Vernetzung verschafften den Menschen zwar auch Freiräume, dienten aber in erster Linie zur Profitmaximierung privater Unternehmen.

Man müsse eine positive digital Utopie anbieten können, eine freiheitliche Utopie: Die Selbstbestimmtheit des Menschen müsse gegen diese amerikanischen Utopien verteidigt werden. Wir brauchten eine neue Wirtschaftsordnung mit anderen Eigentumsverhältnissen, nicht „mehr und mehr Profit", nicht „mehr und mehr Wachstum".

Wachsende Ungleichheit in einer Gesellschaft mache sie auch unglücklicher. Das Leben einer großen Mehrheit verschlechtere sich, obwohl technologisch immer reicher: Die Lohnentwicklung habe sich vom wirtschaftlichen Wachstum völlig abgekoppelt.

In einer Gesellschaft aber mit relativ sicherer Perspektive, relativ ausgeglichenem Lebensstandard, wachse die Bereitschaft zu teilen und sich zu solidarisieren, argumentiert und antwortet Sarah Wagenknecht im Interview mit Precht.

"Der revolutionäre Charakter der gegenwärtigen Umwälzung durch Digitalisierung aller Lebensbereiches schaffe auf den modernen Märkten Teilnehmer, „von denen einer alle Wertschöpfungen gewinnt und alle anderen leer ausgehen, die Kluft zwischen Begüterten und weniger Begüterten wird größer ",

Herbert Henzler, ehemalige McKinsey-Manager

6. Netzwerkökonomie

Die digitale Revolution und neue Technologien werden zahlreiche von Menschen ausgeübte Tätigkeiten überflüssig machen. Die Frage, ob im Saldo mehr oder weniger Arbeitsplätze entstehen, wird auch hierzulande längst gestellt. „Zum ersten Mal seit der industriellen Revolution zerstört neue Technologie mehr Arbeitsplätze, als sie neue mobilisieren kann", so Aleksandar Kocic[37]: Kunden wickeln ihre Geschäfte zunehmend digital ab. Es gäbe vier Gruppen von Arbeitskräften: Erfinder, Erzieher, Verkäufer und Arbeiter. Die ersten drei Kategorien verfügten über persönliche Fähigkeiten, die nicht vollautomatisch erfolgen könnten. Die Arbeiter stünden dagegen vor einer „trostlosen Zukunft", sie seien austauschbar und erweiterbar, so Kocic Zukunftsszenario. Aufgrund von Arbeitskräfteüberschuss nach der Finanz- und Wirtschaftskrise könnten Unternehmer Produktionskosten dadurch senken, dass dauerhafte Arbeitnehmer durch schlechter bezahlte und befristete ersetzt würden. Dies träfe für schwache, unqualifizierte Kräften zu, während höher qualifizierte Fachkräfte dagegen in der Lage seien, auch höhere Gehälter durchzusetzen, um ihren Konsum zu sichern, selbst in Phasen der Arbeitslosigkeit. „Das ist eine Umwandlung von einer Gesellschaft der Arbeitnehmer zu einer Gesellschaft der Arbeitgeber", so Kocic im Interview mit Sven Astheimer. Die Politik müsse eine aktive Rolle in der Gestaltung der Zukunft übernehmen, die Entwicklungen des utopischen Potentials in der Digitalisierung sollte nicht der Selbstregulation durch Marktmechanismen

---

[37] FAZ, Beruf & Chance, 24.06.2015, Neue Technologien, Digitalisierung bedroht massenhaft Arbeitsplätze, Interview mit Sven Astheimer,

überlassen werden.[38] Andrew McAffee, MIT-Forscher, mahnt, dass viele Arbeitnehmer das Tempo der Digitalisierung nicht mitgehen können – sie werden zurückbleiben, trotzdem kann die technische Entwicklung nicht gestoppt werden. Eine Reform des Bildungswesens, das die Menschen auf diese digitale Welt vorbereitet, ist unumgänglich. Zunehmend wechseln junge Menschen von traditionellen Jobs der Privatwirtschaft zu neuen Jobs in der Sozialwirtschaft, die alle Arten von Gütern und Dienstleistungen schafft.

Sharing Economy, „Teilen statt besitzen“ als lukratives Geschäftsmodell, versucht brachliegende Ressourcen zu handelbaren Güter zu machen und damit neue Märkte zu schaffen, zum Vorteil für Anbieter und Konsumenten bzw. Nutzer: Ressourcenschonung, veränderte Einstellungen zu persönlichem Besitz und Wertesystem, kritisch gegenüber der Konsumorientierung und dem Wachstumsmodell der kapitalistischen Gesellschaft als ethische Gesinnung oder doch nur kommerziell geprägte Motive? Massenhafte Verbreitung von Internet und Smartphone erzeugen neue Geschäftsmodelle, die Anbieter und potentielle Nutzer von Dienstleistungen oder Produkten blitzschnell global miteinander vernetzen und in einem direkten Austausch als Mikrounternehmer mit Kunden und Usern aktiv werden: Ein Gemenge von altruistischen und kommerziellen Motiven.

Spezielle Applikationen lösen zunehmend das Erkunden der digitalen Welt- World Wide Web- mittels universellen Browsern ab, so Wired.[39] Die Zukunft läge vielmehr in den - teilweise kostenpflichtigen - Programmen, welche die Infrastruk-

---

38 vgl. Constanze Kurz, Frank Rieger, „Arbeitsfrei“, Eine Entdeckungsreise zu den Maschinen, die uns ersetzen, Riemann Verlag, 2013

39 Das kalifornische Technologie-Magazin Wired gilt als Institution in Sachen Web-Gesellschaft und Netzkultur. Der Chefredakteur des Blattes, Chris Anderson, erklärt das Web für ‚tot'

tur des Internet effizient nutzten. Dazu gehören die inzwischen allgegenwärtigen Apps ebenso wie die zahllosen geschlossenen Netzwerke von Skype bis Voice-over-IP. Die Plattformen funktionierten besser, sie seien auch profitabler und entsprächen der „kapitalistischen Zwangsläufigkeit“, Profit durch Erfindung, Verbreitung, Anpassung und Kontrolle. So startete u.a. 2008 auch der „Evernote“ Web Service: Sammeln, Schreiben, Diskutieren und Präsentieren können über den Webeditor auch im Browser angezeigt und bearbeitet werden.

Die sogenannte „On-demand Economy“ generiert ein Teil des Wirtschaftslebens in neuer Form als Online- Plattformwirtschaft. Traditionelle Wirtschaftszweige fühlen sich naturgemäß bedroht und wehren sich mit Protesten und Klagen.

Internet-Blogger Sascha Lobo spricht in diesem Zusammenhang von einem neuen Plattform-Kapitalismus, der „Sklavenhandel“ und „organisierte Schwarzarbeit“ hervorbrächte. Die wohl bekanntesten Beispiele sind das global operierende Fahrdienstunternehmen ‚Uber’ und die wichtigste Online-Vermietungsplattform ‚Airbnb’.

Gewerberechtliche, steuerrechtliche und sozialrechtliche Bestimmungen, die für traditionelle Serviceanbieter einen hohen Regulierungsgrad (z.B. Sicherheitsvorschriften, Schadenersatzforderungen u.a.) haben, werden weitgehend umgangen. Das einfache Geschäftsmodell der neuen webbasierten Dienstleistungsökonomie[40] hält für Nutzer preisgünstige Alternativen bereit und für Anbieter erhebliches Einkommen, schnell und unbürokratisch: Herausforderungen für sozialstaatliche Strukturen.

[40] Große, Online-Plattformen von kommerziellen Anbietern sind insbesondere Putzdienste, Essen, Kleidung, Verleihen und Finanzdienstleistungen u.a., auch „willhaben.at“, Newcomer wie „JoinMyMeal“.

„…doch die Dienstleistungen, die in jüngster Zeit durch digitale Services effizienter gemacht wurden, sind meistens nur umformatiert, nicht abgelöst worden. Jedes Mal, wenn jemand einen Cloud-Service einführt, um einen Aspekt des Lebens leichter zu machen – sei es der Zugang zu Musik, Mitfahrgelegenheiten, Verabredungen, Krediten etc. - wird in Kauf genommen, dass die Menschen zuvor einen gewissen Schutz genossen hatten, der nun in Vergleich zu früheren Regelungen seinen Wert verliert. Der Anspruch, dass alte Vorrechte über Bord geworfen werden müssen – etwa Datenschutz oder die Errungenschaften der Arbeiterbewegung –, um neuer technologischer Effizienz Platz zu machen, ist grotesk.“[41]

Neue Serviceleistungen entstehen, die das Leben im Alltag erleichtern sollen, z.B. Dog Runner, Book aTiger, ManServants, Washio, Task Rabbit, Instacart usw. Exemplarisch seien die sehr weitgehenden und umfassenden genannt: „Alfred Club“- der Community-Butler- bündelt alle anfallenden Dienste in einer Community, auch in Kooperation mit anderen Apps[42]

Die ‚Materinty Concierge', vertreten beispielsweise von Larissa Krex aus Hamburg, will bei der Entscheidungsfindung rund ums Kinderkriegen weiterhelfen und den nötigen Filter anlegen. : „Von der besten Krankenhaus- und Ärztewahl über Ihr Wunschkinderzimmer bis hin zum perfekten Styling & Fitnessplan oder dem idealen Vornamen: der Maternity Concierge Service findet in dieser für Sie wichtigen Zeit exklusiv auf Sie zugeschnittene Lösungen, Experten und Produkte höchster Qualität“, heißt es auf der Webseite ‚Elternwerden':

---

[41] Jaron Lanier, Friedenspreisträger des Deutschen Buchhandels 2014, WEM GEHÖRT DIE ZUKUNFT?

[42] Vgl. https://www.helloalfred.com/

In der Netzwerkökonomie ein geplantes Projekt, gut durchstrukturiert, kein Zufall.

Als Konsument zählt Einfachheit, Preis und Service, darüber hinaus ist er aber auch ‚Mensch‘, Bürger und Shareholder mit Empathie und Solidarität, auf Ungerechtigkeiten verweisend und staatsbürgerliche und steuerliche Pflichten einfordernd. Gemeinsame Werte-Logiken einer Netzwerkgesellschaft sind Grundbedingungen in der Netzwerkökonomie.

Menschen beobachten auch das Verhalten ihrer Mitmenschen, um zu Entscheidungen zu gelangen, so Erkenntnisse der Verhaltensökonomie. Ja, wir neigen dazu, uns mit anderen Menschen zu vergleichen. Dies gilt nicht nur für Gier, sei es Geldgier oder Neugier, sondern in fast allen sozialen Kontexten. Menschen mögen es insbesondere nicht, hinter andere zurückzufallen. Die dem zugrunde liegenden evolutionären Gründe und kognitiven Mechanismen sind recht gut verstanden, die Auswirkungen auf das Verhalten werden allerdings noch unterschätzt“[43]

Menschen ließen sich aufgrund von Spielregeln in Richtung Kooperation und Fairness steuern, ihr Verhalten lenken. Spielregeln könnten das Vertrauen zwischen Millionen anonymer Menschen in großen Internet Märkten ermöglichen. Eine Stell-

---

[43] „Wer Gier beobachtet, wird selber gierig“, Der Kölner Top Ökonom Axel Ockenfels über den Vormarsch von Laborexperimenten in der Wirtschaftswissenschaft – und die Bedeutung irrationalen Verhaltens auf unsere Entscheidungen.
http://www.wiwo.de/erfolg/trends/laborexperimenteveraenderndieoekonomiewergierbeobachtetwirdselbergierig/v_detail_tab_print/10690802.html

schraube sei dabei die Kanalisierung von Informationen, die es den Akteuren erlaubten, Kooperation möglichst genau zu identifizieren und etwa durch Weiterempfehlung zu belohnen, so Ockenfels.

Mit dem Strategieentwurf „Strategie 2030, Nr. 21, Vermögen und Leben in der nächsten Generation", veröffentlichte das Hamburgische Welt Wirtschaft Instituts (HWWI) und Berenberg verschiedene Szenarien zu zentralen Gestaltungsaufgaben für Wirtschaft, Wissenschaft, Gesellschaft und Politik: Schlaraffenland-Szenario, Strukturwandel-Szenario und 20:80-Szenario.[44]

.

[44] Differenzierte Erläuterungen im Anhang (**5**)

Autoren Berenberg: Fabian Hungerland, Dr. Jörn Quitzau und Christopher Zuber, HWWI: Lars Ehrlich, PD Dr. Christian Growitsch, Marie-Christin Rische und Dr. Friso Schlitte Gastautor: Dr. Hans-Joachim Haß (BDI), August 2015

„Es gehört zur Signatur der Humanitas, daß Menschen vor Probleme gestellt werden, die für Menschen zu schwer sind, ohne daß sie sich vornehmen könnten, sie ihrer Schwere wegen unangefaßt zu lassen.“

Peter Sloterdijk

7. Zukunftsentwurf: „Transhumanismus"

Konzerne wie Google, Facebook, Silicon Valley und Labore von High-Tech-Unternehmen verbreiten euphorisch eine Ideologie technologischer Machbarkeit. Verfechter der ‚Robokratie' spekulieren, dass mit einer künstlichen Superintelligenz, der Verschmelzung von Mensch und Maschine, die sich ständig weiterentwickelnde Technologie ewiges Leben („Unsterblichkeit in der Cloud") langsam realistisch erscheinen lässt.

Es werde eine „gewaltige Transformation" von Gesundheit und Medizin geben. Unsterblichkeit als Utopie, von der Menschen seit Jahrtausenden träumten, könnte realisiert werden, so US-amerikanischer Informatiker und Zukunftsforscher Raymond Kurzweil- in den Diensten von Google. Kurzweil begründet das unter anderem durch eine neue Sicht auf Zellen: Biologie müsse man wie Software behandeln und sie neu programmieren, die Welt werde bereits jetzt von den „Geeks" (Wissenschaftler mit Fiktionen) regiert. Die nächste Evolutionsstufe der Menschheit soll den Homo sapiens ablösen und das Leben im Universum auf eine neue Stufe heben: „Transhumanismus" Es ist ein kompromissloses Bekenntnis des Materialismus, der ultimative Triumph des Menschen über die Natur, so sehen es ihre Anhänger. Das gesamte Wissen der Menschheit, insbesondere Gentechnik, Nanotechnologie, Neurologie und Kybernetik werde sich in der „Singularität"[45] fokussieren. Die menschliche Existenz werde einen Quantensprung in der Evolution durchlaufen. Wir werden in der Lage sein, zu leben, solange wir wollen, so der Vordenker der Transhumanisten, Kurzweil. Es sei nur eine Frage der Zeit, bis unsere Maschinen klüger seien als wir, meint der ‚Brainbuilder' Hugo de Gari, denn die Künstliche Intelligenz der Robo-

[45] Kurzweil,Ray, Menschheit 2.0: Die Singularität naht, 2013

ter (‚Artilects') entwickele sich eine Million Mal schneller als die menschliche Intelligenz. Innerhalb der Diskussion biotechnischer Zukunftsvisionen ist Max-Planck-Forscher Jean-Jacques Hublin überzeugt, dass in unmittelbarer Zukunft die Veränderung des Embryonen-Genoms mittels Keimbahntherapie möglich sein und damit die Evolution des Gnoms beeinflussen werde. Befürworter- Wissenschaftler, Unternehmer und Politiker- des „Human Enhacement" ("Verbesserung des Menschen") sehen die Möglichkeit, die bisherigen physischen, kognitiven und auch geistigen Grenzen des Menschseins zu überschreiten. Mittels biotechnologischer Eingriffe wird das Ziel angestrebt, das Altern - und schließlich sogar den Tod abzuschaffen: Anwendung von Gehirn-Computer-Schnittstellen (Brain-Computer-Interfaces, BCI's), Implantate zur Steigerung kognitiver Fähigkeiten, Neural Engeneering zur allgemeinen Erweiterung menschlichen Bewusstseins und Cyborgisierung gesunder Körpergewebe, zur Steigerung der Widerstandsfähigkeit und Lebensdauer bis hin zur ‚Unsterblichkeit'.

Man müsse den Menschen als ein *work in progress* ansehen, als jemanden, der sich selbst gestalten und weiterentwickeln könne, so weit, dass er möglicherweise nicht mehr derselbe sei und seine eigene Gattung auflöste. Welche Möglichkeiten sich auftäten, ließe sich nicht vorhersagen, so der Philosoph Stefan Lorenz Sorgner.[46]

Die eigene Natur steht aber dem Menschen auf dem Weg zur Unsterblichkeit im Wege. Der Mensch ist im Laufe der Evolution immer sterblich geblieben, dies ist in der Entwicklungsgeschichte als Vorteil für die Gemeinschaft begründet. Diese evolutionären Gegebenheiten könnten jedoch durch „Neu-

---

[46] Stefan Lorenz Sorgner im Gespräch mit J. Innerhofer, DIE ZEIT N° 20/2013

programmierung“ eine dramatische Steigerung der Lebenserwartung erfahren.

Mit der Manipulation eines Genoms steuert ein Mensch den anderen und zwingt diesem seine Definition von einem guten Leben auf. Dies ist in der Evolution im Sinn einer Ideologie vom ‚guten Leben’ nicht vorgesehen, so Giovanni Maio, Medizinethiker. Ethische und anthropologische Überlegungen im Fall der Neurotechnik versetzten den Menschen potentiell in die Lage sowohl die Welt umzubauen als auch sich selbst in seiner Existenz: Einerseits als Behandler und Gestalter, andererseits ebenso als Behandelter und Gestalteter. Menschen begännen Herr eigener biologischer Ausstattung zu werden und nähmen gleichsam ihr evolutionäres Schicksal in die eigene Hand: Ein emanzipatorischer Akt der Befreiung oder frevelhafter und anmaßender Verstoß gegen eine vorgegebene Ordnung?[47]

Auf Initiative von US-Präsident Barack Obama wurde hinsichtlich Steigerung des menschlichen Gehirns und Erkennensgewinnung („Cognitive Enhancement") „Brain“[48] etabliert mit dem Ziel, für mögliche Machbarkeit der ‚Umformung des Menschseins’ mit den unübersehbar verbundenen ethischen Problemen Verantwortung zu übernehmen.

Kulturgeschichte, Literatur, Kunst, Religionen, Philosophien, Welterklärungen, sie alle seien nur künstliche Sinngebungen in der Epoche des armseligen „natürlichen" Menschen, so die

---

[47] Vgl. Helmut Fink, Künstliche Sinne, gedoptes Gehirn, Neurotechnik und Neuroethik, 2010 mentis Verlag GmbH

[48] Vgl. http://braininitiative.nih.gov/ BRAIN 2025: A Scientific Vision, 6/2014

Transhumanisten. Die Technologie werde jetzt aber Inbegriff der Kultur, die alle anderen Leistungen ersetze, weil sie der Menschheit selbst ihre eigene Veränderung ermögliche.

Die Bewusstseinsindustrie wolle den Menschen entkörperlichen, um seine Freiheit zu steigern. Aber niemand wisse, was dabei mit diesem Menschen, vor allem mit seinem Selbstbild und seinem Selbstverständnis geschähe. Das Bisherige des Menschseins werde offenbar nutzlos, bisherige Kultur- und Seinsleistungen werden abgewertet und in Frage gestellt. Manche gingen sogar so weit, alle bisherigen Selbstbilder und Sinnentwürfe des Menschen pauschal als Illusion zu bezeichnen.[49]

Im Gegensatz zu den Transhumanisten glaubt Benedikter an das menschliche „Ich", dass der Mensch ein unglaubliches Potential besäße, dass im „Ich" dasjenige läge, was entscheidend für eine Zukunft sei, sonst gäbe es keine Wahrnehmung, keine Aussage, kein Urteil. Das Erste und das Letzte sei das ‚Ich'.

Da die unerschlossene Zukunft an die erlebte Vergangenheit gebunden ist, transportieren Menschen erhoffte Inhalte ihrer Wünsche und Vorstellungen gedanklich in ein noch unbekanntes Terrain mit dem Gestaltungswillen zu erhoffter Sicherheit und Transparenz. Erfahrungen der Vergangenheit zum Verständnis der Zukunft stoßen aber an Grenzen, insbesondere Gedanken an ein ‚ewiges Dasein'.[50]

---

[49] Benedikter, Roland „Globale Bewusstseinsindustrie" Sind wir auf dem Weg zum Maschinenmenschen? Telepolis, 2013, http://www.heise.de/tp/autor/rolandbenedikter/default.html

[50] 2011 gründete Dmitry Itskov, ein russischer Unternehmer, die gemeinnützige Organisation: ‚2045-Initiative', ein Netzwerk und Gemeinschaft von Forschern auf dem Gebiet der Entwicklung „Laufzeitverlängerung"

„Ohnehin dürfte der wichtigste evolutionäre Sprung der Zukunft ein kultureller sein – dass der Homo sapiens eine kollektive Empathie für sich als Art entwickelt und die Engstirnigkeit ablegt, zuerst an die eigene Sippe oder Nation zu denken. Doch so weit sind wir noch nicht. Der Mensch ist noch nicht fertig."[51]

Inwieweit die ethischen und anthropologischen Konsequenzen der vom Transhumanismus geprägten Vision von der Zukunft des Menschen wünschenswert sind, erscheint insgesamt von tieferer Bedeutung zu sein als Dimensionen der Machbarkeit.

„Die moderne Wissenschaft hat als Ziel: so wenig Schmerz wie möglich, so lange leben wie möglich – also eine Art von ewiger Seligkeit, freilich eine sehr bescheidene im Vergleich mit den Verheißungen der Religionen." Friedrich Nietzsche (1844-1900)

„Das Traurigste an der heutigen Gesellschaft ist, dass die Wissenschaft schneller Wissen ansammelt als die Gesellschaft Weisheit", Isaac Asimov (Science Fiction Schriftsteller und Biochemiker, 1920-1992)

‚Technologien zur Übertragung der Persönlichkeit eines Menschen zu einem weiter fortgeschrittenen nicht-biologischen Träger zu schaffen, zur Verlängerung des Lebens, bis zur Unsterblichkeit.

[51] Niels Boeing, „Evolution, Der Mensch ist noch nicht fertig", http://www.zeit.de/zeit-wissen/2014/01/mensch-evolution-zukunft

„Ich weiß nicht, ob es besser wird, wenn es anders wird. Ich weiß nur, dass es anders werden muss, wenn es besser werden soll."

Georg Christoph Lichtenberg

8. Die smarte Gesellschaft ist analog und digital

Sapere aude! [52] vs. »Don't be evil«, Google

Technische Neuerungen führten die Menschheit auf den Weg in eine planetarische Zivilisation. Das Internet, ein universelles Kommunikationsnetz und größter Wissensspeicher aller Zeiten, sei ein mächtiger Beschleuniger und die Vernetzung Schlüssel für all diese Entwicklungen. Allerdings ließe sich menschliche Vernunft nicht technisch herstellen, die Menschen müssten zum Gelingen einer besseren Zukunft selbst beitragen.[53] Die Bürger werden selbstbewusster und wollen Politik mitgestalten: Nichtwähler steigen zur starken politischen Kraft auf, Parteien verlieren an Bedeutung. Volksinitiativen, Volksbegehren und Volksentscheide sind dann in der Lage, die Demokratie zu verändern. Die hybride Zukunft im Zusammenspiel von Mensch und Maschine verlangt ein Konzept des aktiven Gestaltens. Der Staat muss der Förderer und Garant des Gemeinwohls sein und somit die politische Verkörperung des gemeinsamen öffentlichen Interesses. Wachstum und Fortschritt gilt es auf einer höheren, lebenserhaltenden und -bewahrenden Ebene zu fordern und zu fördern - jenseits von Profitgier und Sozialdarwinismus. Die „Granulare

---

[52] „Aufklärung ist der Ausgang des Menschen aus seiner selbstverschuldeten Unmündigkeit. Unmündigkeit ist das Unvermögen, sich seines Verstandes ohne Leitung eines anderen zu bedienen. Selbstverschuldet ist diese Unmündigkeit, wenn die Ursache derselben nicht am Mangel des Verstandes, sondern der Entschließung und des Mutes liegt, sich seiner ohne Leitung eines anderen zu bedienen. Sapere aude! Habe Mut, dich deines eigenen Verstandes zu bedienen! " Immanuel Kant (1724-1804)

[53] Vgl. Michio Kaku, : http://www.welt.de/wissenschaft/article112447946/Die-Zukunft-der-Menschheit-wird-fantastisch.html

Gesellschaft"[54] so zu gestalten, dass Menschen nicht Opfer der Eigendynamik einer disruptiven, die bestehenden Strukturen zerstörenden, digitalen Ökonomie werden, sondern aktive Gestalter angesichts des rasanten Wandels und der in weiten Teilen versagenden Politik, so das Anliegen Kucklick[55]. Er verweist auf das Problem der „Leben in zwei Welten", einer analogen groben und einer „digitalen" (auf Retina-Bildschirmen digital geschärften und vermessenen). Der analoge Mensch mit Widersprüchen, Ecken und Kanten begreife sich nicht mehr als Teil eines analogen, größeren Ganzen, sondern zunehmend als „Summe seiner Daten". Die Vernetzung ist unaufhaltsam, Bürger werden fast durchgehend online sein. Staaten, Geheimdienste und globale Konzerne wiederum werden versuchen, die Nutzer zu kontrollieren, zu überwachen und zu beeinflussen. Nutzerverhalten generieren Datenpools und erzeugen digitale Fingerabdrücke, die Welt scheint von bedrohlichen Algorithmen beherrscht zu sein. Auch in Zukunft will und muss der Mensch im Mittelpunkt stehen mit all seinem Verhalten und seinen Bedürfnissen, Wünschen, Ängsten und Hoffnungen. Ein starkes verlässlich demokratisches Rechtssystem ist unabdingbar, eine kritische und informierte Zivilgesellschaft Voraussetzung.

Bei der „analogen Revolution"[56] gilt es, die Macht über Daten demokratisch zu verteilen und Menschen mit einem neuen Selbstverständnis auszustatten. Schwägerl weist auf die einma-

---

[54] Die Bindungskräfte (‚Soziales') verlören mit fortschreitender Digitalisierung ihren Zusammenhalt, ein feinkörniges „Granulat" mit individuellen Daten entstünde.

[55] Christoph Kucklick, Die granulare Gesellschaft: Wie das Digitale unsere Wirklichkeit auflöst, 2014, Ullstein

[56] Christian Schwägerl: Die analoge Revolution. Wenn Technik lebendig wird und die Natur mit dem Internet verschmilzt. Riemann, München 2014

lige Chance in der Evolutionsgeschichte hin, das wachsende Netz der analogen und digitalen Verbindungen in den Dienst von demokratischen, humanistischen und ökologischen Idealen zu stellen. Er warnt vor einer zentralen Macht künstlicher Intelligenz, die den Menschen eine Kultur, Ökonomie und folgenschwere Ökologie aufzwängt. Was dem Gemeinwohl diene, könnte man nicht ein paar Konzernen zur Entscheidung überlassen.

In „Deutschland 2030“ zeigt der international anerkannte Zukunftsforscher Horst Opaschowski die gesellschaftlichen Entwicklungen und die damit einhergehend ‚Risikoszenarien’ auf: Klimawandel, Medienwelt, Sport, Erlebnisorientierung, Urlaubs-, Wohn-, Kultur-, Bildungs-, Generationen-, Sozial-, oder Wertewelt usw. Die Deutschen hätten traditionell mehr Zukunftsängste als Zukunftshoffnungen, so der „Zukunftsexperte“ oder „Zukunftspapst" (Focus) Opaschowksi.

In seiner neuesten Studie „So wollen wir leben!"[57] belegt er, dass Bürger vor allem Angst hätten vor Inflation, Arbeitsplatzverlust, Kriminalität, Armut, Wohlstandskluft, Migranten, Krankheitskosten, Klimawechsel und dem Schuldenberg.

Auf Grund von Dauerkrisen (Bildungskrise, Wirtschaftskrise, Finanzkrise, Umweltkrise etc.) werden häufiger Volksentscheide auf Bundesebene gefordert, Bürger wenden sich zunehmend von der repräsentativen Demokratie ab, sie fühlten sich immer mehr ausgegrenzt, Politiker dächten weniger an die nächste Generation.

---

[57] Horst Opaschowski, So wollen wir leben! Die 10 Zukunftsängste der Deutschen, Gütersloher Verlagshaus, 2014

„Wie wir leben werden"[58] von Matthias Horx ist ein eher optimistischer Gegenentwurf zur aktuellen Zukunftsdepression. Horx distanziert sich von pessimistischer Zukunftssicht und Absolutheitsanspruch technologischen Fortschrittsdenkens einer digital vernetzten Gesellschaft. Er ist überzeugt, dass Zukunft generell gestaltungsoffen ist und heute die Weichen für morgen gestellt werden müssten hinsichtlich der Themenbereiche (soziale Ereignisse) „Geburt“, „Lernen“, „Liebe“, „Arbeit“, „Wohlstand“, „Krieg und Katastrophe“, „Politik“ „Glaube“, „Das ganze Leben“ und „Tod“

„Gut leben statt viel haben“[59] kündigt ein Paradigmenwechsel an, denn das Prinzip „Wachstum um jeden Preis" sei fragwürdig geworden. Zum Erlebniskonsumenten geselle sich der Sinnkonsument, der das persönliche und soziale Wohlergehen zum Zentrum des Lebens mache. Nachhaltigkeit sei gefragt: Bio und Öko, Teilen statt Besitzen, Mieten statt Kaufen.

Digital werde aber völlig normal, der gläserne Konsument Wirklichkeit. Der Staat sei gefordert, Privatsphäre und Persönlichkeitsrechte im Internet zu schützen. Vielleicht brauche man bald eine nationale digitale Agenda.

Im Leben der digitalen Welt regieren Misstrauen und Angst, ausgelöst durch die zunehmende Intransparenz der Technologisierung und Kommerzialisierung, Datensammelwut der Netzkonzerne und Totalüberwachung.

---

[58] Matthias Horx, Wie wir leben werden, Unsere Zukunft beginnt jetzt, Campus Verlag, 2006
[59] Horst Opaschowski, „Gut leben statt viel haben", in: Welt am Sonntag, 28.12.2014 / Ausgabe 52 / Seite 6

„Wir müssen unsere Einstellung rebooten“, so Max Biederbeck.[60] „Zoon Digitalis“, der auslesbare Mensch, muss endlich mündig werden.

Die digitale Welt muss weitergedacht werden. Wie sich die politische Kultur darin entwickeln wird, bleibt unbeantwortet. Nutzer und Konsumenten bestimmen selbst, welchen sozialen und kulturellen Normen sie folgen. Die Technik könnte dabei helfen, sie umzusetzen. „Technodeterminismus ist Bullshit. We have things to do! “, so Mushon Zer-Aviv[61]

Auf dem Festival 28 „transmediale“ im Haus der Kulturen der Welt (HkW) in Berlin (01. 2015) unter dem Motto der Veranstaltung „CAPTURE ALL“— fangt alles ein, ist eine eingeschränkte Technikbegeisterung und negative Zustandsbeschreibung unüberhörbar. Thema ist nun die allumfassende Datenspeicherung durch Staaten, Firmen und Privatpersonen.

Die allumfassende Sammelwut im digitalen Leben ist ebenso pathologisch wie die Sammelwut eines Messie im analogen Leben.

Alles an Daten, was technisch möglich ist, wird zusammengetragen, um es für die eigenen Zwecke zu instrumentalisieren, den Nutzern bleibe keine Wahl. Dies erfolgt ohne größe-

---

[60] https://www.wired.de/collection/latest/mussen-wir-wirklich-so-negativ-unsere-digitale-zukunft-schauen-ja-und-nein

[61] Mushon Zer-Aviv ist ein Designer, ein Erzieher und ein Medien-Aktivist in NY & Tel Aviv. In seiner Arbeit untersucht er die Grenzen der Schnittstelle und die Vorurteile der Technokultur.

ren Protest oder politischen Widerstand, unter dem Motto der „Selbstquantifizierung" sammeln viele Menschen sogar freiwillig intimste Daten vom Herzschlag bis zur Körpertemperatur und laden sie in die ‚Cloud' hoch. Der Pirate-Bay-Gründer Peter Sunde: „Wir brauchen keine Roboter, wir sind selbst welche." Menschen seien heute vor allem nur noch „human ressources".

Divergenzen zwischen technischem und geistigem und moralischem Fortschritt seien es, was in der modernen Welt nicht stimme. Als eines der „schlimmsten Dinge des Internets" sei die Verführung, durch Twitter in kürzester Zeit eine Position zu beziehen und darüber zu urteilen, was hip ist oder nicht. Gleichzeitig laufe man Gefahr, selbst als nicht hip zu gelten, wenn man nicht die Position der anderen einnimmt, so Jonathan Franzen. [62]

„Mein Name ist Julia und ich lebe im Internet. Ich bin da ziemlich glücklich, habe Freunde, die ich nur digital kenne und abschalten kann, wann ich will. Ich kann im Internet alles sein: Mafiaboss, Barbie, Hitler, Hotelbesitzer und ein kleines grünes Krokodil. Am Computer bin ich Gott. Und dabei fühle ich mich großartig – großartig böse, kalt und berechnend. Bereits in jungen Jahren, mit 13 oder 14, war ich mir über die schier endlosen Möglichkeiten der Identitätskonstruktion bewusst. Das Internet war der Ort, wo ich alles zum ersten Mal erlebte: Liebe, Sex und Verrat. Aufklärung, Freiheit und Politik. Dort rede, lache, weine und denke ich. Denn ich bin ein

---

[62] Jonathan Franzen ist ein US-amerikanischer Schriftsteller. 2001 erschien sein dritter Roman, Die „Korrekturen", der den National Book Award gewann. Der Roman «Freiheit» wurde von einem Fachpublikum mit dem kulturnews-Award ausgezeichnet und damit zum Besten Buch 2010 gekürt. Sein neuester Roman: „Unschuld", 2015

Kind des digitalen Zeitalters, ich bin die, die aus dem Internet kommt. Und das ist meine Geschichte.“[63]

„Die Privatsphäre ist ein Auslaufmodell". Die Digitalisierung der Welt sei tatsächlich nicht zu stoppen: Einmal Daten in die gigantische Speicher- und Reproduktionsmaschine Internet eingegeben, kämen sie da nie wieder raus. Digitale und nicht-digitale Lebensbereiche verschmelzten immer mehr, die Verweigerung helfe nicht, da Computer Leerstellen mittels Algorithmen selbst ausfüllten.[64]

Die 28. „transmediale“[65] will Phänomene weiterhin künstlerisch sichtbar machen und dadurch Reflexion ermöglichen, um nicht in eine „depressive Schockstarre“ zu verfallen. Für die

---

[63] Julia Schramm, „Klick mich“: Bekenntnisse einer Internet-Exhibitionistin, Kindle Edition, 2012

Julia Schramm, Mitbegründerin der datenschutzkritischen „Spackeria“, eine der Post-Privacy-Haltungen, plädiert für Aufgabe des Datenschutzes angesichts der großen Menge privater Daten im Internet und deren einfacher Verteilbarkeit.

Aber soziale Kontakte, politische Einstellung, persönliches Weltbild, Informationen über finanzielle Probleme oder Angaben über gesundheitliche Probleme und andere Einblick in die Privatsphäre öffentlich zu machen, könnten in vieler Hinsicht schaden, so engagierte Datenschützer.

[64] Vgl.. Christian Heller: "Post-Privacy. Prima leben ohne Privatsphäre". C.H. Beck, München 2011,

[65] Die transmediale 2015 stellte die vorherrschende Capture all-Logik der digitalen Kultur zur Disposition und fragte nach alternativen Lebensstilen, die sich der extensiven Datenerfassung im digitalen Kapitalismus widersetzen.

Künstler-Programmierer Daniel C. Howe und Mushon Zer-Aviv liegt die Antwort nicht nur darin, krampfhaft zu versuchen, seine Spuren im Netz zu verwischen', sondern auch im Gegenteil, so viele Daten wie möglich zu produzieren, um Datenkraken wie Google und Facebook zu überfüttern:

Kritik an dem durch Überwachung und Datensammlern kompromittierten Internet einerseits und andererseits aber auch Aktionen – so spekulativ, künstlerisch und experimentell diese zum Teil auch sein mögen.[66]

Wir seien selbst Schuld am Entstehen eines „digitalen Totalitarismus“, weil wir den Apparat ununterbrochen mit unseren Daten fütterten. Wer sich davon erhöhte Effektivität oder bessere Selbsterkenntnis verspräche, wird enttäuscht. Je mehr

---

[66] In öffentlichen Workshops hergestellte Masken, die ihre Träger vor der biometrischen Erfassung von Gesichtsdaten („Facial Weaponization Suites“) schützen sollen, ist ein Beitrag von Zach Blas. Ein einfaches Tool für Firefox, dass jegliche Werbeanzeigen online automatisch anklickt, ist „AdNauseam“, ein Projekt von Mushon Zer-Aviv: Tracking-Programme können dadurch nicht mehr unterscheiden, welcher Klick echt ist und welcher nicht. „Invisible“, generieren Anonymisierungsdienste: Don't be tracked, analyzed or cloned. Im Mai 2012 wurde die Webseite der Stadt Frankfurt im Rahmen der Blockupanten Proteste durch Anonymous attackiert und war zeitweise nicht mehr erreichbar. Nach eigenen Angaben wurde Frankfurt virtuell mit einem DDoS-Angriff auf die Webseite von Frankfurt lahmgelegt. Bei einer DDoS (Distributed Denial of Service) Attacke handelt es ich um einen Angriff von vielen Rechnern auf einen Computer, die systematische Überlastung führt zu dessen Versagen.

Daten wir über uns sammelten, desto weniger wüssten wir eigentlich über uns, so der Berliner Philosophie-Professor Byung-Chul Han.

Hans Magnus Enzensberger ist überzeugt, man könne sich ganz einfach dem digitalen Totalitarismus entziehen: Smartphone wegwerfen, den Internetzugang kappen, E-Mail-Korrespondenz einstellen. Netzwerke wie Facebook nennen sich ‚sozial', obwohl sie ihren Ehrgeiz daransetzten, ihre Kundschaft so asozial wie möglich zu behandeln. Wer solche Freunde haben wolle, dem sei nicht zu helfen. Wer bereits das Unglück habe, einem solchen Unternehmen anzugehören, der ergreife so schnell wie möglich die Flucht. Allerdings gibt Enzensberger zu, dass mit solchen „simplen Maßregeln", wie er selbst schreibt, das Problem nicht zu lösen sei. Er fordert deshalb politische Lösungen, ohne Lösungsvorschläge zu machen, wie Politik sich gegen den Markt durchsetzen soll.

Die entscheidende Übereinstimmung zwischen politischem und digitalem Totalitarismus läge in der Zerstörung der Privatheit, in der Okkupation der Privatsphäre, die das Individuum schutzlos mache. In keiner der totalitären Gesellschaften sei die Privatheit so im Verschwinden begriffen, wie das heute der Fall sei. Es brauche gar nicht den sichtbaren „Regimewechsel“, sondern nur den schleichenden Wegfall aller Schranken der Privatheit, so der Soziologe und Totalitarismusforscher Harald Welzer.

„Diktaturen arbeiten immer zuerst an der Abschaffung der Privatheit und des Geheimen und Verborgenen. Denn nur so lassen sich Menschen effektiv kontrollieren. Google und Co. arbeiten auch an der Abschaffung des Privaten. Und sie kontrollieren schon jetzt mehr als bloß das Internet. Sie kontrollieren mehr und mehr unser soziales Leben. Sie setzen Normen. Sie entscheiden, was gut ist, wie ein Leben auszusehen hat, wie Zusammenleben auszusehen hat. Google beherrscht uns, indem es das Ureigenste der Individuen besetzt. Es droht ein Totalitarismus ohne Uniform."[67]

Die Idee des öffentlichen Raumes steht konträr zur Privatsphäre. Hier entsteht Liebe, Freundschaft, Vertrauen, aber auch Zwang. Dieser Raum unterliegt der Geheimhaltung, der freien Gestaltung und darf nicht zum Politischen erhoben werden. Freiheit in der Privatsphäre ist Anliegen des Einzelnen, kein Anliegen des Staates, der Gesellschaft oder der Internetkonzerne. Die Definition der Freiheit im Privaten obliegt dem Betroffenen und ein Rückzug muss diesem immer zur Verfügung stehen.

Soziale Identitäten in Beruf und Familie, Geschlecht, Kultur, Religion, Nationalität usw. werden in der digitalisierten Gesellschaft durch virtuelle Identität in sozialen Netzwerken ergänzt und erweitert. Soziale Identitäten beeinflussen menschliches Verhalten im besonderen Maße, das zeigen Studien der Verhaltensökonomie. Das Leben mit vielen vernetzten Identitäten wird komplexer, der Begriff „Identity" wird von „We-Dentity" überlagert. Dies hat Auswirkungen auf Politik, Bildung, Führung und Kommunikation. Steigende Komplexität führt dazu, dass Menschen den technischen Lösungen, Algorithmen und Robotern mehr vertrauen. Denn komplexe Sachverhalte und Situationen werden der berechenbaren Technik als Problemlöser eher zugetraut. Prozesse, bei denen Menschen und Maschinen dann möglichst vertrauensvoll miteinander agieren, versprechen eher erfolgreich zu sein. Widerstand wird dort aber entstehen und wachsen, wo negative Folgen der

---

[67] Harald Welzer in: Der Spiegel 8/2015, S. 76f „Totalitarismus" ohne Uniform, von Brauck, Markus und Mahler, Armin

Digitalisierung auf sozialer und ökologischer Ebene spürbar sind. Neben der digitalen Leitkultur wird sich eine Gegenkultur der ‚Offliner' etablieren: Soziale offene Bewegungen werden sich in Organisationen[68] zusammenschließen und erfolgreich sein.

[68] Es gibt Räume, die in besonderer Weise gesellschaftliche Verhältnisse reflektieren, indem sie sie repräsentieren, negieren oder umkehren: Foucault nennt sie „Heterotopien", die entsprechend gesellschaftlicher Bedingtheiten einem Bedeutungswandel unterliegen.

„Man wird auch in der nächsten Gesellschaft die Politik brauchen, das heißt einen Mechanismus, mit dem kollektiv verbindliche Entscheidungen getroffen werden können und Macht sowohl aufgebaut als auch kontrolliert werden kann. Ob diese Politik sich die Form des Staates geben wird, wie wir ihn heute kennen, ist allerdings ungewiss. Es gibt längst Formen eines Crowdsourcings von Entscheidungen, die von lokalen Bürokratien möglicherweise besser verwaltet werden können als vom gegenwärtigen Multiebenensystem einer regionalen, nationalen und internationalen Politik, das letztlich nur davon lebt, dass die „Nationen" nicht sterben können."
Dirk Baecker

9. Machtbalance: Staat und Markt

Apologeten der algorithmischen Gesellschaftssteuerung halten Gesetze für etwas Rückständiges, zu allgemein, zu bürokratisch. Der politische Raum verwandelt sich in ein kybernetisches System. Alles geschieht schneller, effektiver und ohne bürokratische Hürden. Das Internet hält völlig neuartige Lösungen komplexester Probleme des gesellschaftlichen, kulturellen und politischen Alltags bereit. Die effizienten Patentlösungen im Internet müssen nur noch ihren Weg in die ineffiziente analoge Welt finden, damit die Gesellschaft mit Hilfe technokratischer Lösungen optimiert werden kann.

Probleme werden via Apps und Sensoren bearbeitet, die von Start-Ups betrieben werden. Politik wird dabei auf Lösungen reduziert, der Diskurs verschwindet völlig. Da Algorithmen nicht das Ergebnis einer Beratung oder eines demokratischen Aushandlungsprozesses und Entscheidungsprozesses sind, führt das zu einem Verlust politischer Legitimation. Die auf Daten bezogenen Entscheidungen geschehen autoritativ und haben ‚Gesetzescharakter'. Der Staat wird autoritär von Computern, Netzwerken, Sensoren usw. und einer Elite von hochspezialisierten Informatikern beherrscht, auf dem Weg zur ‚Algokratie'. Evgeny Morozov[69] nennt diese Politik „solutionism" und ein „Irrglaube des Internetzentrismus".

---

[69] Evgeny Morozov, Publizist, beschäftigt sich mit politischen und sozialen Auswirkungen von Technik. Er kritisiert die Naivität der Annahme, das Internet sei per se demokratisch und bringe politischen Wandel in autoritäre Staaten. https://de.wikipedia.org/wiki/Evgeny_MorozovWickipedia

Wer die Systeme programmiert, hat die Macht – politische Debatten werden obsolet. Automatisierung politischer Prozesse schränkt die Selbstbestimmung der Menschen nachhaltig ein, und die Steuerung bedarf der Überwachung des Gemeinwesens. So erfährt die digitale Welt ein Umcodieren des Sozialen, lediglich auf Effizienz und Marktförmigkeit ausgerichtet. Als Beispiel wird immer wieder auf die chilenische Planwirtschaft des Sozialisten Salvator Allende (1970) verwiesen: Vom Kontrollzentrum aus in Echtzeit gesteuerte Ökonomie zur Zufriedenheit der Menschen. Das Projekt wurde Cybersyn genannt und durch den Putsch vom Militär unter General Pinochet (1973) beendet. Der sozialistische Präsident Salvador Allende beabsichtigte mit der Aufbruchsstimmung in Santiago de Chile sein Land aus seiner wirtschaftlichen Abhängigkeit zu führen und die Not der verarmten Bevölkerung zu mildern und für eine gerechtere Gesellschaft zu kämpfen.[70]

Algorithmische Regelungen z.B. durch Google oder Staat entsprächen im Prinzip solch einer „effizienten Volksökonomie". Algorithmen zu demokratisieren, erscheint angesichts der zunehmenden Komplexität der Welt schwieriger. Die transnationalen Netzwerke der Internetkonzerne wie Facebook, Google, Twitter oder auch YouTube, Uber und Airbnb generieren gesellschaftlich weitgehend akzeptierte Bedingungen, die dem Machtmonopol des Staates entgegenwirken und die Souveränität einschränken. Die Algorithmisierung des Alltags lässt Verhalten berechenbar und vorhersagbar werden. Der Staat argumentiert mit Transparenz und Sicherheit, Unternehmen steuern mit Sensoren das Verhalten, so dass schleichend Normen implementiert werden.

[70] Sascha Reh nimmt diese Ereignisse zur Vorlage seines neuen Romans, „Gegen die Zeit", Schoeffling & Co, Frankfurt a.M. 2015

Eine ganze Gesellschaft könnte innerhalb kürzester Zeit durch ein „blackout" - etwa durch die Schadstoffware wie „stuxnet"- in mittelalterliche Verhältnisse zurückkatapultiert werden. Kein Computersystem lässt sich hundertprozentig vor einem Angriff (digitale Kriegsführung „Cyber Warfare" als „4. Domäne der Kriegsführung", nach den klassischen Domänen Boden, Wasser und Luft) schützen. Selbst Experten wie Administratoren und Softwareentwickler werden bei solch komplexen Systemen Fehler unterlaufen, die von Angreifern ausgenutzt werden können. Somit ergibt sich eine militärische Asymmetrie, in der die Offensive sehr viel einfacher ist als die Defensive.

10. Smarte, neue bedrohliche Überwachungswelt

Mit der zunehmenden Verbreitung des Internets und der Digitalisierung der Kommunikation verschwimmt auch die Trennung zwischen ziviler und militärischer Nutzung. Die Gesamtausgaben für militärische Zwecke (2014) betragen laut Stockholmer Friedensforschungsinstitut, Stockholm International Peace Research Institute (SIPRI), etwa 1,25 Billionen Euro, das sind 3,4 Milliarden Euro pro Tag. Die militärische Entwicklung ist mit der revolutionären Technologieentwicklung der kommerziellen Industrie dicht verknüpft. Die Entwicklung geht hin zu autonomen Elementen in Waffensystemen, die ihre Ziele selbstständig erfassen und attackieren können: Neben einzelnen autonom agierenden Einheiten setzt das US-Militär dabei zunehmend auf Schwarm-Technologie, d.h. nach dem Vorbild von Insekten sollen autonome Kampfdrohnen eigenständig kommunizierend in Formation fliegen und selbsttätig Gegner außer Gefecht setzen, zerstören. Autonom agierende Robotersysteme bringen Tod durch Algorithmen: Die Bundesregierung bekennt sich deswegen für eine völkerrechtliche Ächtung vollautomatisierter Waffensysteme, der Mensch müsse immer die Entscheidungsgewalt haben, ob eine Waffe ausgelöst werde oder nicht, so Verteidigungsministerin Ursula von der Leyen. *Auch Human Rights Watch* warnte vor dem Verlust von Verantwortlichkeit, die mit einer Automatisierung des Krieges einhergehe. Roboter scheinen aus der Sicht der Befürworter die moralisch besseren Kämpfer zu sein. Theoretisch verfolgen sie klar definierte Ziele, verschonen so weit wie möglich das Leben Unbeteiligter. Gefühle wie Rache, Aggressivität und die Lust an erzwungener Unterwerfung ist den Maschinen fremd, sie führen einen „sauberen" Krieg ohne Folter, Plünderungen, Vergewaltigungen, was menschgeführte Kriege so unmenschlich macht. Terroristen und Warlords, im Besitz solcher Roboter, stellen allerdings auch eine tödliche Bedrohung für Menschen und Ethnien dar. Autonome Waffen seien leicht herzustellen, die Hemmschwelle eines Krieges könnte sinken und das Ansehen der Robotik und künstlichen Intelligenz in der Öffentlichkeit beschädigen, so die Bedenken von Stuart Russel, Informatiker der University of California. Hingegen sieht Ronald Arkin, Informatiker vom Georgia Institute of Technology, die Lösung in der Ausstattung autonomer Waffen mit sog. ‚ethischen Reglern', gemäß der Genfer Konventionen und Richtlinien für Soldaten.

In den Ausstellungen „Global Control and Censorship. Weltweite Überwachung und Zensur" und „Infosphäre" im ZKM, spielen Drohnen eine entscheidende Rolle. Im „Drone Age" wirft die Kunst mit ihren Darstellung und Visualisierungen über die reine Technikfaszination insbesondere ethische Fragen auf. Veränderungen des Erscheinungsbildes der Umwelt werden neben Kriegs-, Überwachungseinsätze und kommerziellen Einsätzen von autonomen Robotern („UVAs", Unmanned Arial Vehicles) in unterschiedlichen ästhetischen Zugriffsweisen antizipiert. Hauptthese der Ausstellungen, so Kunsthistoriker und Kurator Bernhard Serexhe[71], ist das Ausgeliefertsein an übermächtige Instanzen der Kontrolle; Zensur als bereits allgemeine menschliche Lebensbedingung und die Kapitulation davor werden thematisiert. Ziel sei eine Erweiterung der öffentlichen Diskussion über die allgegenwärtigen Überwachungs- und Zensurmaßnahmen.

---

[71] Karlsruher Zentrum für Kunst und Medientechnologie (ZKM) Oktober 2015 bis Mai 2016. Die Ausstellung, die im Rahmen der Infosphäre präsentiert wird, beruht auf der Zusammenarbeit mit einem Netzwerk von WissenschaftlerInnen, JournalistInnen, AktivistInnen und KünstlerInnen in allen Erdteilen und in rund 20 Ländern sowie der Kooperation mit Expertenorganisationen wie dem PEN-Zentrum Deutschland, dem Chaos Computer Club (CCC), Reporter ohne Grenzen, Villa Aurora und mit Plattformen wie netzpolitik.org, digitalcourage.de, WikiLeaks und anderen.

Der Internetkonzern Google ist auch im Bereich der Militärforschung aktiv – ungeachtet seines inoffiziellen Firmenmottos „*Don't be evil*". Seit 1998 arbeitete Google eng mit dem amerikanischen Auslandsgeheimdienst National Security Agency (NSA) und der National Geospatial-Intelligence Agency (NGA) zusammen, der zentralen US-Behörde für militärische und geheimdienstliche kartografische Aufklärung. Seit 2003 wird die NSA beispielsweise mit der Suchtechnologie von Google ausgestattet, seit 2004 beauftrage auch die Central Intelligence Agency (CIA) Google, den Nachrichtendienst intern mit seiner Suchtechnologie auszustatten. Die National Geospatial-Intelligence Agency (NGA) nutzt Google Earth, um geografische Daten mit Geheimdienstinformationen anzureichern und zu visualisieren, eine Unterstützung der US-Regierung von Google im Bereich der Sicherheitspolitik. Das Unternehmen Palantir Technologies aus Silicon Valley, unterhält vor allem Geschäftsbeziehungen zum US-Militär – und zur CIA. Palantir entwickelte das effizienteste Werkzeug, um terroristische Netzwerke aufzufinden und zu untersuchen, unterschiedliche Datenquellen zu überprüfen und zu kategorisieren. Die Software wird insbesondere im Bereich der militärischen und geheimdienstlichen Aufklärung eingesetzt: Bekämpfung mexikanischer Drogenkartelle, Schutz amerikanischer Soldaten im Afghanistaneinsatz usw. Zu Palantirs Kunden gehören heute der CIA, die NSA, das FBI, die Defense Intelligence Agency, das Department of Homeland Security, das National Counterterrorism Center, das US Marine Corps, das US Special Operations Command und die Polizeibehörden in Los Angeles und in New York City. [72]

---

[72] Vgl. Daniel Leisegang, in Wissenschaft & Frieden 2015-2, Der cyber-militärische Komplex, Die dunkle Seite des Silicon Valley

Bürgerrechtsorganisationen wie die American Civil Liberties Union (ACLU) sehen in Planatir erschreckende Ansätze eines möglichen Totalitarismus. Die Software ermögliche es, das Leben unschuldiger Amerikaner in nie gekanntem Ausmaß zu überwachen.

Die Kooperation mit der NGA und Google führte zur Herstellung eines Beobachtungssatelliten im All – den GeoEye-1, ein kommerzieller Beobachtungssatellit mit der höchsten Bildauflösung: Google darf diese Aufnahmen verwerten, jedoch nur in einer reduzierten Auflösung. 2014 erwarb Google den Drohnenhersteller Titan Aerospace, das riesige, solarbetriebene Flugzeuge herstellt. Aus einer Höhe von 30 Kilometern sollen sie Menschen weltweit in unwegsamen Gebieten mit drahtlosem Internetzugang versorgen. In Konkurrenz zu Google übernahm Facebook den britischen Drohnenentwickler Ascenta zum Bau von Flugdrohnen mit der gleichen Absicht. Auch der Internethändler Amazon möchte die unbemannten Fluggeräte nutzen, um Bestellungen an die Kunden auszuliefern. Der Konzern unterhält enge geschäftliche Beziehungen zu amerikanischen Regierungsbehörden, zur Armee und auch zu den US-Geheimdiensten. Amazon stellt dem Auslandsgeheimdienst der USA ein eigens auf sie zugeschnittenes Cloud-Computing-System bereit und die Nutzung von Speicherplatz auf Amazon-Servern. Damit begibt sich das Unternehmen in große wirtschaftliche Abhängigkeit von der CIA und der US-Regierung. Gegenleistungen in Form von Einblicken in Kundendaten, zu welchem Zweck auch immer, liegen auf der Hand.

In einer Vision des Pentagon für das Jahr 2020 erhofft man sich in der Rüstungsindustrie mit der Verbindung von Gehirn und Computer (braincomputer interfaces, BCIs) eine schnellere, tödlichere und präzisere Kriegsführung. So beschäftigt sich die Forschungsagentur des Pentagon, die DARPA (Defense Advanced Research Projects Agency) damit, unter dem Titel des Forschungszweigs „Military Bioengeneering“, Menschen für Erschöpfung, Schmerz und Stress unempfindlich zu machen – mit dem Ziel des „super soldier“.

„Dass das Eindringen von BCIs in alle Bereiche des Alltags aber keine Einbahnstraße zu umfassenderer, unmittelbarerer, schnellerer und komplexitätsfähigerer Beherrschung von Computern ist, sondern eine Gegenfahrbahn vom Computer ins Gehirn besitzt – also mit BCIs nicht nur Maschinen von Menschen ‚immateriell‘ steuerbar werden, sondern umgekehrt auch Gehirne einsehbar – wird meist verschwiegen. Dabei scheint gerade das ‚Gehirne-Durchleuchten’ und ‚Gedanken-Hacken’ der nächste logische Schritt in der ‚post-liberalen’ Überwachungsgesellschaft zu sein.“[73]

Das Internet lässt sich nicht national begrenzen – und schützen. Um Cyberangriffe von Staaten oder Terroristen zu verhindern, ist das so genannten 'Kill Switch' im Gespräch: Präzedenzfall ist Ägypten, das innerhalb von 13 Minuten aus dem Internet genommen wurde. „Schutz kritischer Infrastrukturen" soll innerhalb der G8 - und BRIC-Staaten Brasilien, Russland, Indien und China diskutiert und problematisiert werden. Bestimmten Stellen soll bevorrechtigt ein Zugang offen gehalten werden.

Im Ernstfall sollten primär Behörden, Katastrophen- und Zivilschutz, Gesundheitswesen, Hilfs- und Rettungsdienste, Bundeswehr, Medien und die Telekommunikationsanbieter selbst versorgt werden. Der Zugang aller anderen Benutzer könnte

[73]Roland Benedikter: Gehirn-Computer-Schnittstellen: Gedanken hacken? In: Pop. Kultur und Kritik, Heft 4 Frühling 2014: 24-28. http://www.uni-muenster.de/Ejournals/index.php/pop/article/view/1324/1257

entsprechend eingeschränkt werden. Gegenwärtige Regeln für den Krisenfall erlauben bereits die Einschränkung des Netzzugangs: Naturkatastrophen, schweres Unglück, Spannungs- und Verteidigungsfall.

„Doch bringt uns das Internet einander näher oder verlieren wir dadurch vielmehr unsere sozialen Kontakte?"

Dr. Johanna Wanka, Bundesministerin für Bildung und Forschung, 2014

11. Postdigital und Entschleunigung

Das post-digitale Zeitalter hat für viele schon begonnen, Unterscheidungen zwischen analoger und digitaler Welt erscheinen nicht mehr sinnvoll und zeitgemäß.

So bereichern Retro- und Nostalgiewellen die digitale Gesellschaft mit Konsumgütern der Manufaktur, analog gegenständlich in Mix von Altem und Neuem, wie beispielsweise Handy-Klingeltöne entsprechend der klassischen Zweischalen-Bimmel eines Wählscheiben-Telefons. Solche und andere Fusionen von analoger und digitaler Technik zeigen eine Erweiterung und Fortführung einer im Alltag bereits implementierten Digitalisierung. Die vernetzte technische Intelligenz ist allgegenwärtig und damit selbstverständlich und unspektakulär. Permanente Selbstmessungen („self-measurement“) mittels Sensoren, Chips usw. erscheinen banal. Postdigitale tragen mikrocomputerisierte Kleidungsstücke („wearables“), projizieren Daten auf Displays und Brillen usw. und entwickeln aber darüber hinaus schon Lebens- und Arbeitskonzepte zur „Langsamkeit“, während viele Menschen zur gleichen Zeit erst noch auf dem Weg in die vernetzte digitale Gesellschaft sind. Entlang der Generationengrenze zwischen jenen, die mit dem Internet aufgewachsen sind, „Digital Natives” und jenen, die den digitalen Technologien erst als Erwachsene begegneten, „Digital Immigrants”, verläuft eine Kluft. Postdigitale sind auf der Suche, angemessene Maßnahmen zur politischen, kulturellen und gesellschaftlichen Integration und Nutzung zu entwickeln. Nicht die überbordende Informationsflut und ihre Verarbeitung werden im Mittelpunkt des konsumierenden bzw. produzierenden Nutzers stehen, sondern das Konzept „Slow“[74] wird im Sinn von bewusster und konzentrierter Mediennutzungsgewohnheit entwickelt.

[74] http://www.slow-media.net/manifest „slow is beautiful“

Frank Schirrmachers, „Payback"[75] „Warum wir im Informationszeitalter gezwungen sind zu tun, was wir nicht tun wollen, und wie wir die Kontrolle über unser Denken zurückgewinnen" greift die Problematik auf: „Mein Kopf kommt nicht mehr mit". Das Gefühl der digitalen Überforderung in allen digitalisierten Ländern durch den Siegeszug technologischer Neueinführungen hat in den zurückliegenden Jahren die Grenzen der Aufnahmebereitschaft über eine nahezu unendliche Zahl an Kommunikationskanälen ausgereizt. Informationsüberflutung, Beschleunigung und Souveränitätsverlust sind die wesentlichen Symptome der digitalen Kultur. Eine aktive Rolle in der digitalen Entwicklung zu übernehmen, um aus der kognitiven Krise auszubrechen, und vor allem, um den freien Willen und den Humanismus zu retten, wird beschworen. Der digitalen Berechenbarkeit des Lebens zu begegnen, liegt nicht etwa in der Verweigerung der Technik, sondern in einem neuen Denken, das dem Menschen seine Stärken bewusst macht: Kreativität, Toleranz und die Fähigkeit, mit Unberechenbarem umzugehen, so Schirrmacher.

Fortwährend zwischen wichtigen und unwichtigen Informationen zu entscheiden, hat neurobiologische Auswirkungen. Informationen müssen dem Hirn untergeordnet werden und nicht umgekehrt. Je mehr Botschaften auf uns einstürmen,

---

Mit dem Konzept "Slow", analog zu Slow Food, geht es bei Slow Media nicht um schnelle Konsumierbarkeit, sondern Slow Media sollen politisch, kulturell und gesellschaftlich integrieren und konstruktiv genutzt werden.

„Slow Media sind und wirken nachhaltig, fördern Monotasking, zielen auf Perfektionierung, machen Qualität spürbar, fördern Prosumenten, sind diskursiv und dialogisch, sind soziale Medien, nehmen ihre Nutzer ernst, sind auratisch, sind progressiv, zielen auf Verantwortung bei Rezeption und Produktion, werben um Vertrauen und nehmen sich Zeit, glaubwürdig zu sein. Hinter Slow Media stehen echte Menschen.

[75] Frank Schirrmacher, Payback, Blessing Verlag München, 2009

desto weniger Zeit steht für ihre Verarbeitung zur Verfügung. Wir sind kaum mehr in der Lage, Wichtiges von Unwichtigem zu trennen und verlieren den Blick fürs Wesentliche, so der Kognitionspsychologe Roy Baumeister. Er nennt es „Ich-Erschöpfung“: Dort das Internet, das universelle, global-vernetzte digitale Gedächtnis mit seinem unüberschaubaren Informations- und Wissensangebot und hier der begrenzte Mensch mit seinen limitierten Verarbeitungskapazitäten.

Andre Wilkens zeigt am Beispiel industrieller Massenproduktion von Lebensmitteln auf, dass die Nische „Bio“ [76]Veränderungsprozesse dominierender gesellschaftlicher und technologischer Trends auslöste. So scheint seiner Ansicht nach, ‚Analog' auch eine Antwort auf die industrielle Massenproduktion und Verarbeitung von Daten zu sein, um auch diese Entwicklung zu beeinflussen: Gegen Ausbeutung durch Digitalisierung für staatliche Kontroll- und private Profitinteressen.

‚Digital' müsse allerdings Instrument bleiben und dürfe sich nicht verselbstständigen. Menschen müssten die Hoheit über ‚Digital' behalten. Dic bcstmögliche Nutzung von Digital und die Zähmung von Digital durch den Menschen seien einer humanen, digitalen und analogen Gesellschaft adäquat.

Das globale Netzwerk mit seiner vernetzten Zivilisation lebt von vielen unterschiedlichen lokalen Realitäten und Objektivitäten in einer physischen und virtuellen Welt gleichermaßen.

So formieren sich auch immer stärker analoge und lokale Netzwerke als Gegenbewegung zu bestehenden dominierenden Plattformen: Eigendynamik, Heterogenität, Emergenzen und Volatilität sind herausragende Merkmale des Internets als Betriebssystem. Die Wirklichkeit ist in der digi-

[76] Andre Wilkens: "Analog ist das neue Bio", Metrolit Verlag, Berlin 2015

talisierten Welt das Betriebssystem, von Nutzern, Konsumenten, Institutionen, Regierungen und Konzernen fortwährend „up-gedated“. Denken, Fühlen und Handeln werden von Codes gesteuert, programmiert von Konzernen, Regierungen und Akteuren und mittels Medien präsentiert. Das Internet dringt tief in den Alltag ein und erzeugt entsprechenden Widerstand bei den „Offlinern“. [77]Alternativen zur hyperdigitalen Zukunft bedeuten Abkehr von dem Absolutheitsanspruch der Digitalisierung und Engagement für eine Demokratisierung der Digitalisierung.

Folgen schnelllebiger Technologien und des (insbesondere mobilen) Internetkonsums prägen die ständig reizüberfluteten und überforderten User.

Ein neuer Trend, der in Silicon Valley seinen Anfang nahm, reflektiert diese Problematik und kreierte den sogenannten ‚Digital Detox’. Von der allzu häufigen Nutzung digitaler Endgeräte, wie Smartphones, Tablets, PCs und so weiter sollte ‚entgiftet’ werden. Digital Detox bietet in einem gewissen Zeitraum die Möglichkeit, Stress zu reduzieren und mit der physischen Welt zu interagieren. Auf die Benutzung elektronischer Geräte wie Smartphones, Tablets, Uhren oder Computer wird verzichtet.

Hinter dem neuen Trend steht die Philosophie, mit der digitalen Enthaltsamkeit die Produktivität der überwiegend hart arbeitenden Mitarbeiter aus Tech-Unternehmen zu steigern. „Wenn wir – wieder aufgeladen – zurückkommen, sind wir produktiver und haben eine andere Perspektive“, so die Digital-Detox-Expertin Frances Booth[78]. Das Geschäftsmodell der

---

[77] Cachelin, Joel Luc, Offliner, Die Gegenkultur der Digitalisierung, Stämpfli Verlag AG, Bern 2015

[78] http://www.forbes.com/sites/francesbooth/2014/06/13/how-to-do-a-digital-detox/

internetlosen Hotels und Wochenend-Camps boomt bereits in vielen Orten der Welt, ohne Mails, Smartphones und Twitter einen entspannten Urlaub zu genießen. Die Geräte sind während des Aufenthaltes tabu und werden im sog. „Dekontaminationsraum“ aufbewahrt, so dass alle Teilnehmer ihr analoges ‚Ich‘ wiederentdecken können. Entschleunigung durch Digital Detox, ein neues lukratives Geschäftsmodell!?

„Die Angst, ständig etwas zu verpassen, kann zu Unruhe, Nervosität, Konzentrationsproblemen führen. Wer dauernd auf sein Handy schaut, wird aus allem herausgerissen und ist schrecklich unproduktiv“, Rolf Merkle, Diplompsychologe.

Amerikanische Wissenschaftler haben einen neuen Begriff geprägt: „Fomo“, „Fear of missing out“, die Angst, etwas zu verpassen, ständig dabei sein zu müssen. Der Gegenbegriff „Jomo“, „Joy of missing out“, der Genuss, auch mal Dinge zu verpassen, könnte als Leitmotiv über den Digital-Detox-Camps stehen.

"A digital detox is a great way to stay productive and balanced in a wired world. Day to day in the digital world, we face near constant demands for our attention. And if we don't let ourselves recharge and reboot, this can mean we quickly burn out or become inefficient. A digital detox is also good for our health and our relationships. By doing a digital detox, we give ourselves chance to step back temporarily. When we return, recharged, we're more productive and have a different perspective. We're also likely to have at least one great idea while we're 'not thinking about it'".

„Du bist nicht der Kunde der Internetkonzerne. Du bist ihr Produkt“

Jaron Lanier

12. Gesellschaftliche Verantwortlichkeit

Infolge der Beschleunigung des technischen Fortschritts schreitet die Globalisierung unaufhaltsam voran. Informations- und Kommunikationstechniken in Verbindung mit immer leistungsfähigeren Transportsystemen beschleunigen Wachstumsschübe, allerdings ungerecht verteilt. Die Verantwortung der Menschen muss deswegen entsprechend auch global wachsen. Gewinne aus der Digitalisierung werden in der Gesellschaft sogar noch ungleicher verteilt sein als in der Vergangenheit, bestehende Ungleichheit werde durch die Digitalökonomie verstärkt, der Sozialstaat müsse darauf adäquat reagieren, warnt Jörn Quitzau, Volkswirt bei Berenberg. Bereits der durch die Digitalökonomie ausgelöste Strukturwandel werde den Sozialstaat erheblich fordern, der Sozialstaat müsse diejenigen auffangen, die wegen der technologischen Veränderungen ihren Job verlieren.

Die Bedingungen in den unterschiedlichen Regionen der zusammenwachsenden Welt sind in Folge der Globalisierung in ein überwiegend soziales und ökonomisches Ungleichgewicht geraten. Die daraus resultierenden globalen Probleme bedürfen zur Lösung im Blick auf Regelwerke und konsensfähige Vereinbarungen einer weltweit greifenden Kommunikation. Eine digitalisierte Netzwerkgesellschaft müsste unter Berücksichtigung ethischer Grundsätze eine sozialkulturelle Balance, generationengerecht, schaffen: „Ökosozial statt marktradikal“.

Der gesellschaftliche Umbruch, hervorgerufen durch die digitale Revolution, umfasst Politik, Wirtschaft, Bildung, den Finanzmarkt und die Arbeitswelt. „Digitale Renaissance“, Martin Burckhardts neues Buch, will ein „Manifest für die digitale

Welt“ sein: „Wir wissen bereits, wohin die Reise geht, es gelingt uns nur nicht, das Alte zu vergessen...“ [79]

Das Internet und seine Netzwerke existieren nicht unabhängig von den Gesellschaften, in denen sie genutzt werden.

Weltweite und grenzenlose Kommunikation von lokalen Anbietern und Nutzern, Staat, gemeinnützigen Organisationen und Konzernen unterliegen bestimmten juristischen, ökonomischen, politischen und sozialen Bedingungen.

Die Politik wird weitgehend an globale Konzerne „outgesourct“, so dass immer weniger Übereinstimmung zwischen den gesellschaftlichen Realitäten und den digitalen Effizienzbestrebungen erlebt wird. Rigorose Sparmaßnahmen (Austerität) erzeugen Unsicherheit und Existenzängste. So profitieren nur wenige von den regulierenden Algorithmen.

Da der Mensch mehr ist als die Summe seiner Daten, muss er die neuen Technologien im Blick auf Kreativität, Freiheit, Sicherheit und Gerechtigkeit zukunftsfähig instrumentalisieren.

Geschriebene und ungeschriebene Regeln des Miteinanders müssten in der Internetgemeinde verbindlich gelten, ein digitaler Kodex für Plattformen, für Anbieter und Nutzer. Die Implementierung eines digitalen Kodex mittels Regulierungsmaßnahmen durch Staatengemeinschaften wäre zwar Voraussetzung aber keine Garantie für ein Gelingen.

Wir brauchten eine breite Diskussion darüber, welche verbindlichen Spielregeln gelten sollten, Leitplanken in Form eines digitalen Kodex, von allen Verantwortlichen getragen, um das Vertrauen ins Internet, in die mit ihm eröffneten Chancen und

---

[79] Martin *Burckhardt,* Digitale Renaissance: Manifest für eine neue Welt, 2014

Möglichkeiten nicht zu verspielen, so Roman Herzog, Schirmherr des DIVSI, 2013 in München[80].

Die Frage ist zu beantworten, wie gewachsenes und etabliertes Wertesystem aus dem analogen auf den digitalen Raum übertragen und die bestehende Lücke zwischen etablierten sozialen Normen der analogen Welt und den neuen Herausforderungen der digitalen Welt geschlossen werden könnte. Das Onlinemagazin VOCER greift zehn Thesen von Martin Burckhardt zur digitalen Zukunft auf, vorgestellt in einem Dossier vom Herausgeber Alexander von Streit, Anlage **(3)**

Entwicklung und Anwendung der Netzwerktechnologien zur algorithmischen Überwachung durch Unternehmen und Geheimdienste führen zu einem graduellen Verlust von Privatheit und Freiheit. Eine zukunftsfähige Demokratie muss aber einer staatlichen Überwachung entgegenwirken. In der analogen Welt einer hierarchischen Gesellschaft erwartet man Macht von „oben". In einer digitalen Welt wird hingegen Macht aus dem Zentrum des Netzwerkes ausgeübt, kaum auffällig, aber umso wirkungsvoller aufgrund der zahlreichen Verknüpfungen. Zugehörigkeit und Erfolg entscheiden über Einflussnahme und Machtausübung. Behörden und Staaten haben ein Gewaltmonopol. Und dieses Gewaltmonopol sei im Zweifel sehr, sehr viel schärfer und schwerwiegender, wenn das missbraucht werde, wie das meiner Meinung nach mit der Überwachung passierte, als das, was private Konzerne täten, resigniert Sasche Lobo. „Ich glaubte, das Internet sei das perfekte Medium der Demokratie, der Emanzipation, der Selbstbefreiung. Der Spähskandal und der Kontrollwahn der Konzerne haben alles

[80] Vgl. Deutsches Institut für Vertrauen und Sicherheit im Internet, https://www.divsi.de/braucht-deutschland-einen-digitalen-kodex/

geändert. Das Internet ist kaputt", Sascha Lobo. Er nennt den Überwachungswahn „die vierte Kränkung der Menschheit".[81]

Gerhard Eschelbeck, promovierter Informatiker und Verantwortlicher für die IT-Sicherheit bei Google, warnt vor einem regelrechten Technikkrieg, denn zunehmend treten Staats-Hacker in Erscheinung, die von „bestimmten Ländern“ gesponsert, zielgerichtete Attacken ausüben. In dem Zusammenhang forderte er eine einheitliche Zertifizierung zur Sicherheit vernetzter Geräte (Internet der Dinge). "Deswegen muss Google für diese Transparenz sorgen und den Nutzern zeigen, was mit ihren Daten passiert".[82]

Die Nutzer im Internet, die Verwendung der Daten produzierenden Smartphones usw. machen ihr Verhalten, ihre Einkäufe und Präferenzen transparent. Unternehmen und Regierungen haben aber deswegen noch kein Recht, ohne Wissen der Nutzer Daten zu erheben. Gesammelte Daten und Metadaten sind den Usern offenzulegen mit der Option, sie löschen zu können. Profite und Erkenntnisse, die durch die Analyse der Daten gewonnen werden, gehören ihnen. Deswegen muss eine effiziente Datenpolitik dringend gefordert und nachhaltig gestärkt werden.

---

[81] Sasche Lobo, Die geplatzte Illusion von der freien digitalen Welt, in: Deutschlandfunk, August 2014 Sendereihe Leben in der digitalisierten Welt. Nach der ersten kosmologischen (Kopernikus), der zweiten biologischen (Darwin) und der dritten psychologischen Kränkung (Freud) nennt Lobo die aufgedeckte Netzüberwachung von Edward Snowden die vierte, digitale Kränkung der Menschheit.

[82] http://www.heise.de/newsticker/meldung/Googles-IT-Sicherheitschef-befuerchtet-ausufernden-Cyber-Krieg-2788331.html?wt_mc=rss.ho.beitrag.rdf, 2015

Infrastrukturen, Organisationen und Lebenswelten verändern sich nachhaltig durch die Digitalisierung. Technische, bürokratische, organisatorische, juristische, politische, kulturelle und philosophische Prozesse sind umzustrukturieren und den neuen Gegebenheiten anzupassen. Die konkrete Ausgestaltung einer digitalen Agenda muss Politik, Verwaltung, Unternehmen, Universitäten und die Zivilgesellschaft angemessen berücksichtigen, sie erfordert eine Transformation der Rechtsstaatlichkeit, Wirtschaftsdynamik, Nachhaltigkeit und soziale Ausgeglichenheit. Es stellen sich gesamtgesellschaftliche Aufgaben der Netzwerkgesellschaft hinsichtlich sicherer Identität im Netz, der elektronischen Akte, der Langzeitdatenarchivierung, Regelungen für Datenschutz und Eigentum, sicherer Kommunikationswege und Ausbau der Netze.

Eine Hinwendung zur nutzerzentrierten Gesellschaft bringt massive Veränderungen im Blick auf Information und Bildung (Wikipedia), Unterhaltung (Musik und Fernsehen), Mobilität (Car-Sharing) und Wohnen (AirBnB) mit sich. Unternehmen, Verwaltungen, zivilgesellschaftliche Gruppen, Communities und Plattformen verlangen nach Öffnung und Transparenz. Schließlich wird mit der NSA-Spähaffäre eine neue Sicht auf die digitale Sicherheitspolitik diskutiert. Mit dem Internet wird entgrenzt vernetzte Kollaboration über Zeit und Raum hinweg Realität.

Mit „Grundsätze unserer Digitalpolitik“[83] will die Bundesregierung den digitalen Wandel mitgestalten, denn ein Gegensatz zwischen „realer“ und „virtueller“ Welt existiere nicht.

[83] Herausgeber Bundesministerium für Wirtschaft und Energie Bundesministerium des Innern Bundesministerium für Verkehr und digitale Infrastruktur

Stand August 2014 , S. 4f

Die Digitalisierung verschaffe dem Leben vielmehr eine zusätzliche Dimension. Das gilt insbesondere für Fragen des Datenschutzes und des Rechts auf informationelle Selbstbestimmung, den Schutz des geistigen Eigentums, den Verbraucherschutz, den Jugendmedienschutz sowie den Schutz von Computern und Daten. Im digitalen Zeitalter gibt es kein Vergessen, denn Suchmaschinen legen große Archive von gespeicherten Webseiten an. Als Lösung schlägt Viktor Mayer-Schönberger vor, Dateien aller Art mit einem Verfallsdatum zu versehen. "In Wirklichkeit sind wir es, die das Vergessen erschwert haben, und es liegt an uns, dies zu verändern", argumentiert Mayer-Schönberger.[84]

Andere fordern eine Ethik der Datenabfrage, eine Selbstkontrolle. Was aber Suchmaschinen nicht finden, weil sie es nicht finden können, existiert nicht. Auch wenn es irgendwo im Datenraum treibt. Das Phänomen hat sogar einen Namen: dark web oder hidden web. Darin sind all die Dinge, die wir einmal wussten, an die wir uns nun aber kaum noch erinnern können. Beispielsweise werden viele Websites regelmäßig überarbeitet. Das Design ändert sich, manchmal sogar die ganze Grundstruktur.

„Auch heute schon gibt es den Satz: Alles, was nicht mit Google zu finden ist, gibt es nicht. Die Sachen gibt es natürlich dennoch, sie sind aber ungleich schwieriger zu finden.“
Chris Biemann, Informatikprofessor an der TU Darmstadt

„Grundsätze unserer Digitalpolitik: Unsere Werteordnung basiert auf dem Grundgesetz. Auch in einer digitalen Welt muss

---

[84] Mayer-Schönfelder, Delete: Die Tugend des Vergessens in digitalen Zeiten, bup, 2010

die Freiheit der Menschen gewährleistet werden. Datenschutz, die Integrität der Netze und die Transparenz der Datenverwendung dienen der Sicherung unserer Demokratie und müssen sowohl europäisch als auch international mit starker Stimme vertreten werden. Wir müssen daher weiterhin sicherstellen, dass unsere bestehende Werteordnung auch in der digitalen Welt ihre Geltung behält und den Rahmen für unser Zusammenleben in der Zukunft bildet.“ (BMWI)

Das Spitzentreffen, von Politik, Wirtschaft und Wissenschaft (BWVI) befasste sich am Nationalen IT-Gipfel in Hamburg, Oktober 2014, mit der Weiterentwicklung des Standortes Deutschland auf dem Gebiet der Informationstechnologie: „Eine Charta für die Kanzlerin“

Deutschland müsse heute die Grundlagen für Wachstum und Fortschritt in der zukünftigen digitalen Gesellschaft schaffen, da Globalisierung, demografischer Wandel und zunehmend innovative Informations- und Kommunikationstechnologien das wirtschaftliche und gesellschaftliche Leben in Deutschland maßgeblich prägten. Die digitale Vernetzung aller Lebens- und Arbeitsbereiche, die fortschreitende Automatisierung und die Digitalisierung in den Basissektoren Energie, Gesundheit, Verkehr, Bildung und Verwaltung dürften nicht zufällig geschehen, sondern müssten bewusst und in einem gemeinsam getragenen gesellschaftlichen Grundverständnis erfolgen. So wurde die „Charta der digitalen Vernetzung“[85] von 14 Topmanagern begründet und verabschiedet. Zehn Grundsätze werden für den Weg in die digitale Gesellschaft formuliert, Anhang **(3)**

Vereinfachte Durchführung von Prozessen zur Information, Kommunikation und Transaktion innerhalb und zwischen

[85] http://www.wiwo.de/politik/deutschland/it-gipfel-eine-charta-fuer-die-kanzlerin/10865234.html

staatlichen, kommunalen und sonstigen behördlichen Institutionen sowie zwischen diesen Institutionen und Bürgern bzw. Unternehmen durch den Einsatz von digitalen Informations- und Kommunikationstechniken ist erklärtes Ziel von E-Government[86].
Voraussetzung ist hohe Nutzerakzeptanz mit einer entsprechenden Ausstattung der Informations- und Kommunikationstechnologie, die mit denen der Partner kompatibel sind. Zur Einführung von E-Government müssen aber auch rechtliche Grundlagen geschaffen werden, beispielsweise ein zusätzlicher Sicherheitsaufwand zum Schutz der Daten.* Bürger befürchten gerade hier, dass die Privatsphäre nicht genug geschützt werde: „Der gläserne Mensch“. Bedenken seitens der Bürger bestehen auch im Blick auf die wachsende unpersönliche Kommunikation zu Behörden.

Die Vorratsdatenspeicherung wurde vom Bundestag, 15.10. 2015, beschlossen und Gegnern haben schon angekündigt, sofort Verfassungsbeschwerde einzulegen. Verfassungsgericht und Europäischer Gerichtshof verlangten in ihren Entscheidungen von 2010 und 2014, dass die Sicherheitsbehörden die Daten nur bei schwerer Kriminalität abrufen dürften, dies wurde jetzt umgesetzt: Keine Bewegungsprofile erstellen, Datenspeicherung nur 10 Wochen für Telefonnummern, IP-Adressen, Datum und Uhrzeit und 4 Wochen für Standortdaten bei Handys (EuGH bemängelte damals 6 Monate für alle

---

[86] „E-Government 2.0 - Das Programm des Bundes“ in seinem Motto: „effizient – sicher – vernetzt“

*Der Europäische Gerichtshof (EuGH) erklärte (6.Oktober 2015) die Zustimmung der EU Kommission zum sogenannten Safe Harbor Abkommen für rechtswidrig. Die Richter kritisierten in ihrer Urteilsbegründung, die EU Kommission hätte dem Safe Harbor Abkommen nie zustimmen dürfen, da US Behörden nie an die entsprechenden Datenschutzbestimmungen gebunden gewesen wären.

Daten seien zu lang), E-Mails und aufgerufene Internetseiten bleiben ausgespart. Dieser grundrechtssensible Eingriff durch das Parlament wird aber teilweise massiv kritisiert im Blick auf: „Einschüchterung von Whistleblowern", Datenhehlerei, eingeschränkte Pressefreiheit (journalistische Arbeit insbesondere Blogger).
Dem vernetzten Austausch zwischen Bürgern und staatlichen Verwaltungen werden aber erhebliche Vorteile zugesprochen: Besserer und jederzeit Kontakt zu Behörden (auch EU), vielfach transparente und vereinfache Abläufe von Dienstleistungen. Politische Willensbildungsprozesse werden unterstützt und dienen der allgemeinen Stärkung der Demokratie, so eine Hauptbegründung. Kostenersparnis durch neue elektronische und oft automatisierte Abläufe (Zeit, somit Geld und Angestellte!) werden als Vorteil von E-Government ebenso herausgestellt.

„Nur die Menschen, die das Unsichtbare sehen, können das Unmögliche tun“.

Bernard Lown, US-amerikanischen Friedensnobelpreisträger, 1985

14. Fiktionen, Visionen, Illusionen und Resignationen

Die allumfassende Informationsbeschaffung wird durch die smarte Macht der digitalen Vernetzung so weit erleichtert, dass das soziale System des Vertrauens durch Transparenz und Kontrolle ersetzt wird. Die Smartifizierung der Netzwerkgesellschaft verführt zum Kommunizieren und Konsumieren, sie überzeugt durch Gefallen nicht durch Disziplinieren. Aufgrund freiwilliger Selbstausleuchtung und Selbstentblößung erweist sich die Freiheit als Kontrolle. Die digitalisierte Gesellschaft unterliegt einer psychopolitischen Steuerung, denn sie unterwirft sich den Bedingungszusammenhängen im weitgehenden Einvernehmen, Konformität ist die Folge.

Nicht die Nutzer, sondern große Unternehmen Google, Facebook, WhatsApp, Amazon u.a. organisieren ihre digitale Identität. Soziale Netzwerke fordern zum Entwurf des Selbstbildnisses auf, damit wird die Überwachung durch andere die Versicherung der eigenen Existenz. Der Historiker Philipp Sarasin weist auf Foucaults Spätwerk hin: Die Denkfigur des Fixiertwerdens auf sich selbst erweise sich als Machttechnik. Die gelieferten Informationen im digitalen Netz werden von Internetkonzernen genutzt, um Profite zu erwirtschaften und dienen dazu, unerwünschtes Verhalten weltweit zu kontrollieren. Die Teilnahme ist freiwillig und erzeugt Glücksgefühle. Diese „Maschinerie" erweise sich als komplexes System, das „Konsumtrottel" hervorbringe. Markus Metz und Georg Seeßlen bezeichneten 2011 diese Maschinerie als „Blödmaschinen"[87] Es scheine das große Projekt dieses Jahrhunderts zu

[87] Georg Seeßen & Markus Metz, Blödmaschinen: Die Fabrikation der Stupidität, edition suhrkamp, 2011

sein, Herrschaft zu subjektiveren und zu emotionalisieren, eine wachsende Mehrheit der Menschen dazu zu bringen, sich freiwillig und gegenwärtig dem zu unterwerfen, was vordem durch Gewalt und Hierarchie erzeugt werde. Eine Blödmaschine sei eine Maschine, die eine Kraft der Kontrolle in einen Impuls zum Kontrolliert-Werden verwandele, wobei im Kontrolliert-Werden genügend ‚Körper' und ‚Ästhetik' verblieben sei (Lust und Schönheit, Angst und Aggression), um unverzichtbar zu werden.

Nur der entpolitisierte Raum ist transparent und erweist sich als perfektes Herrschaftssystem, das keinen Herrscher mehr braucht, weil niemand ernsthaft etwas Anderes will, denn was sich nicht der Sichtbarkeit unterwirft, macht sich verdächtig. Die digitalen Apparate generierten einen neuen Zwang, ein neues Sklaventum, das Menschen effizient ausbeute, so der Philosoph Byung-Chul Han.

Ein „digitales Panoptikum"[88] erscheint als eine Beschreibung der modernen Disziplinargesellschaft, als Sinnbild der heutigen Gesellschaft. Im digitalen Panoptikum wird es möglich, zu den Gedanken seiner Nutzer vorzudringen.

---

[72] Der britische Philosophen Jeremy Bentham entwickelte die Idee des Panoptikums. . Er hat im 18. Jahrhundert einen Gefängnisbau konzipiert, der eine totale Überwachung der Insassen möglich macht. Zellen werden um einen Überwachungsturm herum angeordnet, der dem Big Brother einen totalen Durchblick gewährt. Die Insassen werden zum Disziplinierungszweck voneinander isoliert und dürfen nicht miteinander sprechen, die Gedanken entziehen sich der Überwachung. Vgl. Michel Foucault: *Überwachen und Strafen. Die Geburt des Gefängnisses,* Neuauflage 2008, Suhrkamp Taschenbuch
http://culturmag.de/rubriken/buecher/jeremy-bentham-das-panoptikum/66139

Michel Foucault übertrug dieses Modell in den 1970er Jahren auf die moderne Gesellschaft: Unter dem Druck der permanenten Überwachung verhielten sich alle konform und produktiv. Der Einzelne verinnerlichte die Mechanismen dieser Macht, sie bestimmten sein Handeln, er sei Produkt von gesellschaftlichen Machtverhältnissen.

Zygmunt Bauman stellt dem „Panopticon“ das „Bannopticon“ gegenüber, das alle fern hält, die den Verwertungskriterien im Sinn der sozialen Inklusion/Exklusion nicht entsprächen.

"Ein Mensch unter Beobachtung ist niemals frei; und eine Gesellschaft unter ständiger Beobachtung ist keine Demokratie mehr", hieß es schon 2013 in einem Appell von mehr als 562 renommierten Schriftstellern aus aller Welt. Juli Zeh[89] war eine der sieben Initiatoren des internationalen Schriftstelleraufrufes "Writers Against Mass Surveillance". Die Autoren forderten von der Politik: „Die demokratischen Grundrechte des Bürgers müssen in der virtuellen Welt ebenso durchgesetzt werden wie in der realen." Der Staat dringe unter dem Deckmantel der Terrorabwehr immer weiter in die Privatsphäre seiner Bürger ein. Mit dem Präventivgedanken ließe sich so ziemlich jeder staatliche Eingriff rechtfertigen. Es sei der Einstieg in totalitäres Denken. Systematische Massenüberwachung sei eines der größten Probleme des Kommunikationszeitalters, es sei gewissermaßen ein epidemischer Kollateralschaden der digitalen Revolution, so Zeh[90]

[89] Die deutsche Schriftstellerin Juli Zeh veröffentlichte 2009 gemeinsam mit dem Schriftsteller Ilija Trojanow das Buch "Angriff auf die Freiheit: Sicherheitswahn, Überwachungsstaat und der Abbau bürgerlicher Rechte". Kindle Edition, 2010

[90] Interview mit Giacomo Maihofer für 3sat, Kulturzeit, 03.06.2015.

Eine Umfrage des Forsa-Instituts im Auftrag des Wissenschaftsjahres 2014 ergab:

Die größten Risiken der digitalen Gesellschaft sehen 67 Prozent der Befragten in der Zunahme von Datenmissbrauch, Überwachung und Kontrolle. 36 Prozent befürchten die Bildung von Machtmonopole und eine mögliche Manipulation der Nutzer. In punkto Datenschutz blicken die Experten skeptisch in die Zukunft: Lediglich 16 Prozent von ihnen gehen davon aus, dass persönliche Daten in Europa zukünftig besser geschützt werden als bisher.

Im Internet und in sozialen Netzwerken leiden nach Meinung deutscher Internetnutzer die menschlichen Werte. Menschlichkeit (48 %) und Toleranz (44 %) werden nach Meinung vieler Befragter im Netz und in sozialen Netzwerken weniger beachtet als offline.

Die Mehrheit der Befragten ist außerdem der Ansicht, dass die Menschen im Netz weniger ehrlich (55 %), respektvoll (53 %) und höflich (52 %) sind als im persönlichen Umgang.[91]

Besondere Freundschaften pflegen die Deutschen oft noch offline. So gibt die Mehrheit der Befragten (62 %) an, dass sie mit ihren engsten Freunden eher selten oder so gut wie nie online kommunizieren. Bei den unter 30-Jährigen zeichnet sich jedoch bereits ein gegenläufiger Trend ab: Die Mehrheit (63 %) kommuniziert mit sehr guten Freunden bereits überwiegend oder fast ausschließlich digital.

---

[91] Die vom Meinungsforschungsinstitut forsa durchgeführte repräsentative Umfrage stützt sich auf insgesamt 1.011 computergestützte Telefoninterviews mit deutschen Internetnutzern (ab 18 Jahren). Die Interviews wurden Ende November 2014 durchgeführt

"Für den Umgang miteinander im Netz haben sich in unserer Gesellschaft bisher kaum feste Normen etabliert. Die sprachwissenschaftliche Analyse von Kommunikation im Web hat aber ergeben: Je mehr wir voneinander wissen und je mehr wir in Dialog treten, umso respektvoller gehen wir auch im Internet miteinander um.", Prof. Dr. Christiane Maaß, Professorin für Medienlinguistik an der Universität Hildesheim.[92]

"Wenn ich sage, ich vermisse die Zukunft, dann meine ich: Wir haben die Vision einer kreativen und mutigen Zukunft eingetauscht für eine langweilige, eine Zukunft, in der es nur um Geld geht, um Macht und Kontrolle, die User klicken ihre eigene Zukunft weg, die Vision wurde zur Illusion", so Jaron Lanier und er warnt:

Während reale Jobs - ob Krankenschwestern oder Übersetzer - zunehmend automatisiert werden, nehme die Armut zu, denn was nütze alle smarte Vernetzung, wenn das Geld zum Leben fehle?

"Wir leben im Zeitalter einer Hypnose, die Leute sind wie besessen von Ideen wie Schwarmintelligenz und künstlicher Intelligenz. Sie sehen das als bloße Spielerei und übersehen, wie sehr ihre eigene Armut, wie sehr soziale Unsicherheit damit einhergeht. Eigentlich ist das die perfekte Formel für soziales Desaster." [93]

Sozialer, politischer, kultureller und technologischer Fortschritt sorgen immer wieder für Herausforderungen und Konflikte im Alltagsleben der Zivilgesellschaft. Die Lebensqualität

---

[92] http://www.digital-ist.de/aktuelles/umfrage-digitale-werte.html

[93] Jaron Lanier in 3sat, Kulturzeit extra: Wem gehört die Welt? Die Macht im Netz", 07.10.2014

kann durch die Digitalisierung sozial verträglich gestaltet werden, wenn der umfassende Zugang zu immateriellen Gütern, insbesondere zu sozialen Dienstleistungen, weiterhin auch personenbezogen abläuft. Ökonomisierung vieler Einrichtungen hat allerdings schon die Produktion von Dienstleistungen nach industriellem Vorbild entindividualisiert. Digitale Medien als zunehmend global vernetzte und entpersonalisierte Wissensspeicher werden höchstwahrscheinlich dazu beitragen, viele personenbezogene, wissens- und letztlich auch vertrauensbasierte Dienstleistungen im Wesen zu verändern, nämlich die unmittelbare Beziehung von Konsumenten und Produzenten und damit auch Partizipation und Integration von sozialen Gruppen.

Der Öffentliche Dienst, der Markt und der Non-Profit-Sektor als funktionierendes Beschäftigungsfeld von Dienstleistungen gewährleisten den Bürgern Zugang zu den immateriellen Gütern, die sie für ihr selbstbestimmtes Leben benötigen.

Aktuelles Beispiel für überlebenswichtigen digitalen und analogen Austausch ist der Flüchtlingsstrom transnationaler Migranten: So stellt der Flüchtlingstreck ein mobiles soziales Netz dar; er ist nicht nur im Netz aktiv, sondern gleichsam das Netz selbst, das als „Schwarm“ sich massenhaft und blitzschnell zu organisieren und abzustimmen vermag, dank GPS und Smartphone.

Mobile Technologien und Social Media können für Menschen auf der Flucht, die vor humanitären Krisen und aus Kriegsgebieten fliehen, lebensrettend sein: Elementare, lebensnotwendige Bedürfnisse wie die Sicherstellung von Nahrung, den Zugang zu sauberem Wasser, Unterkunft und Gesundheitsversorgung und Bedarf an Zugang zu wichtigen Informationen.

Für viele Flüchtlinge sind deswegen das Smartphone und GPS Navigationsgeräte wichtige Begleiter. Auf der gefährlichen

Reise nach Europa nutzen sie Facebook, WhatsApp und Viber. So halten sie Kontakt mit ihren Familien - und mit den Schleusern, denn viele Schleuser, auch kriminelle, verbreiten ihre Angebote via Facebook; um nicht an Betrüger zu geraten, tauschen sich viele Flüchtlinge auf Facebook aus und warnen andere. Frontex-IT-Spezialisten fälschen sogar Social-Media-Profile, um Routen aufzuspüren und Flüchtlinge in die Falle zu locken. Nicht nur mobile Technologien, GPS-Geräte oder Social Media, sondern auch Face-to-Face-Absprachen helfen zum risikominierenden Transfer.

Auf dem „Refugee Hackathon", am 24. und 25. Oktober 2015 in Berlin, sollen Apps entwickelt werden für ein soziales Netz für Geflüchtete und Freiwillige, um insbesondere Geflüchteten gleichzeitig mehr Autonomie zu ermöglichen: „Bringt man Bedürfnisse von Flüchtlingen und die Hilfsangebote Freiwilliger auf einer intelligenten Plattform ins Internet, lassen sich die Nadelöhre umgehen und Direktverbindungen zwischen Bedürftigen und Freiwilligen herstellen – in real time und ortsbezogen", so die die Initiatorin Anke Domscheit-Berg auf eine Twitter-Anfrage der dpa.

*„Verstehen kann man das Leben nur rückwärts.
Leben aber muss man es vorwärts.“*

Sören Kierkegaard

Fazit:

In der Cyberwelt ist die Euphorie der Ernüchterung gewichen. Die digitale Revolution in Form der Dominanz vernetzter Maschinen, Computer und Algorithmen hat die Lebenswelten der Gesellschaft erobert.

Aber sich zuspitzende, zunehmend unlösbar erscheinende Krisen werden allgegenwärtig wahrgenommen: Finanzielle, ökonomische, politische, ökologische, demografische, moralische und legitimatorische Krisen. Grenzenlose Freiheit, Hoffnungen, Chancen und Verheißungen waren Versprechungen des Netzes, doch der Welt hat es den Frieden und Wohlstand nicht gebracht. Religiöser Fanatismus, Terror, imperialistische Bestrebungen, Ausbeutung, Verachtung und Hass haben die Menschheit eher entfremdet.

Technologische Machbarkeit als Erweiterung und Erleichterung der analogen Welten verhilft der menschlichen Evolution auf ein neues Niveau. Da Menschen aber über den Algorithmen und Maschinen stünden, so Jaron Lanier, brauche man einen „neuen Humanismus"

Dies ist nicht als Kampfansage an technologische Neuerungen zu verstehen, sondern es geht vielmehr um das richtige Gleichgewicht sowie geeignete Formen der „Einbettung" technologischer Innovationen, im Sinn kultureller, sozialer und institutioneller Erneuerung. Die alten Fortschrittsversprechen der neuen Technologien vermitteln nicht mehr die Gewissheit, dass sie die Gesellschaft wirklich voranbringen.

Zur Widerstandsfähigkeit einer offenen, zukunftsfähigen Gesellschaft („resiliente" Gesellschaft) müsste ein Ausgleich zwischen Sicherheits- und Freiheitsdenken, zwischen technischer Innovation, politischen Sachzwängen und gesellschaftlichen Ängsten geschaffen werden. Die gesellschaftliche

Sicherheit erscheint bedroht aufgrund der zunehmenden, verstärkten Virtualisierung der Kommunikation im Cyberspace und Verschmelzung mit der realen Welt. In einer Studie der GDI[94] werden vier mögliche Szenarien als Gedankenexperiment zur Entwicklung der digitalen Welt von übermorgen vorgestellt:

Erstens: Die Gesellschaft spalte sich in eine technokratische Elite und eine große Masse, die sich mit mehrheitlich unqualifizierten Jobs über Wasser hielte und mit billiger Unterhaltung ruhig gestellt werde.

Eine neue globale „Humanindustrie" werde verstärkt menschliches Bewusstsein im Blick auf individualisierte Simulation des Gehirns in Computeralgorithmen, künstlicher Intelligenz und mathematischen selbstlernenden Programmen erforschen, mittels Gehirn-Maschinen-Schnittstellen oder durch kybernetische Prothesen mit Maschinen zusammenschalten, Heilprozesse (von z.B. Depressionen) einleiten und das simulierte Gehirn zu Leistungsfähigkeit von Informationsverarbeitung und -speicherung befähigen.[95]

Zweitens: Menschen lehnten neue Technologien ab und koppelten sich so weit wie möglich von den digitalen Informationsströmen ab.

---

[94] Vgl. Karin Frick, Bettina Höchli, Die Zukunft der vernetzten Gesellschaft, Neue Spielregeln, neue Spielmacher, Gottlieb Duttweiler Institute, Think Tank, 2014

[95] Vgl. Roland Benedikter, Karim Fathi, Der Kampf um das menschliche Ich, Vier Grundpfeiler der neuen „Humanindustrie" in: Telepolis 24.02.2013

Drittens: Die Menschen vertrauten alle ihre Daten einer großen Institution an, die dann als „Big Mother“ über sie wachten und für sie sorgten. Das Leben sei total transparent und sicher – solange man nicht versuchte, das System zu verlassen.

Und viertens: Das Internet werde neu erfunden, radikal dezentral ohne Server, offen, demokratisch, flexibel. Kreativität und Unternehmergeist blühten, Menschen und Maschinen kooperierten, die Technik reguliere sich selber.

„Trotz oder gerade durch den technischen Fortschritt hat der weiterentwickelte Mensch doch Sensibilität entwickelt für die Bedeutung von Gleichheit und Freiheit. Wenn man davon ausgeht, dass die Weiterentwicklung vom Humanen zum Posthumanen auch eine moralische ist, dann kann eine Form von Würde und rechtlicher Gleichachtung weiterhin gegeben sein. Übrigens kommt sogar bei Kant eine ähnliche Vorstellung vor. Am Ende seiner *Anthropologie* spricht er von der Perfektionierung des Menschen und schildert dabei einen moralischen Prozess.“ [96]

In Abgrenzung (oder Erweiterung?) zum „alten Humanismus“, der die menschliche Vernunft, seine Geistigkeit und sein Bewusstsein im Mittelpunkt sieht, erklärt sich der „neue“ Humanismus als die konsequente Orientierung an den Bedürfnissen und Interessen jedes Menschen an seiner Freiheit und Verantwortung, an seiner erstrebten Individualität und Selbstbestimmung und an den gesellschaftlichen Bedingungen. Im Blick auf seine empirische Realität werden Antworten auf gesellschaftliche und soziale Fragen abgeleitet, ebenso aber auch nach einem Lebenssinn und ethischen Werten: Ein Paradigmenwechsel von einer geisteswissenschaftlichen zu einer natu-

[96] Stefan Lorenz Sorgner, „Der Posthumane als Übermensch“ in: Zeit 2013, Nr.20

ralistischen Sicht, denn das menschliche Sozialverhalten, die Weltoffenheit und das Lernbedürfnis des Menschen, seine psychischen Eigenschaften, ethischen Impulse, intuitiven Reaktionen und kreativen Begabungen sind ursprünglich biologisch bedingt. Der Mensch lebt mit seinen Anlagen, seinem Verhalten, seinen Vorstellungen und Zielen, Bedürfnissen und Interessen derzeit ausschließlich in der realen analogen Welt. Deswegen kann die digitale Netzwerkgesellschaft auch immer nur ein Spiegelbild der analogen Welt sein:

Mit nichts, als dem, was sie tragen können und großer Hoffnung, kommen jeden Tag viele Hunderttausende Flüchtlinge in Deutschland an und campen in Zelten. Sie fliehen vor dem Krieg in ihrer Heimat, vor Armut, vor Ausweglosigkeit, viele schaffen es nicht.

Bereits seit vergangener Woche (Tage vor dem Verkaufsstart 25.09.2015) campen zahlreiche Apple-Jünger vor Apple-Stores in Deutschland, um eins der begehrten neuen iPhone 6s (800€) zum Verkaufsstart zu ergattern - und reisen dafür von weit her an, „Russen-Mütter zelten jetzt auch fürs iPhone“ (dpa), Anreise 3000 km: Mit Zelt, Schlafsack und reichlich Geld in der Tasche.

„Das Leben aller Menschen ist von Tagträumen durchzogen, darin ist ein Teil lediglich schale auch entnervende Flucht, auch Beute für Betrüger, aber ein anderer Teil reizt auf, lässt mit dem schlecht Vorhandenen sich nicht abfinden, lässt eben nicht entsagen. Dieser andere Teil hat das Hoffen im Kern, und er ist lehrbar."

Ernst Bloch (1885-1977), „Prinzip Hoffnung"

15. ANHANG

(1)

Digital Outsiders:

Internetferne Verunsicherte: Überforderte Internetnutzer mit reservierter Haltung gegenüber fortschreitender Digitalisierung. Bedürfnis nach Schutz und Kontrollmechanismus

Ordnungsfordernde Internet-Laien: Defensiv-vorsichtige Internet-Nutzer aus der Mitte der Gesellschaft. Bemüht, mit dem technologischen Wandel Schritt zu halten.

Digital Immigrants:

Verantwortungsbedachte Etablierte: Aufgeklärtes Establishment mit Führungsbewusstsein. Verantwortungsorientierte Grundhaltung gegenüber digitalem Fortschritt.

Sicherheitbedachte Postmaterielle: Versiert-zielorientierte Internet-Anwender mit kritisch-reflektierter Einstellung zu Datensicherheit und "blinder" Technik-Faszination

Digital Natives:

Hedonisten: Experimentierfreudige Internet-User ohne Berührungsängste. Kaum Sicherheitbedenken und Gefahrenbewusstsein.

Effizientorientierte Performer: Leistungsorientierte Internet-Profis. Professionalisierung als Leitprinzip. Effizienz- und lösungsorientiert auch hinsichtlich Datensicherheit.

Digital Souveräne: Digitale Avantgarde mit ausgeprägter individualistischer Grundhaltung. Suche nach Unabhängigkeit in Denken und Handeln.

Deutsches Institut für Vertrauen und Sicherheit im Internet (DIVSI), Entscheider-Studie, 2013

(1a) Die digitale Gesellschaft in Deutschland lässt sich im Jahr 2014 in folgende, klar voneinander abgrenzbare Typen einteilen:

„Zur Beantwortung dieser Fragen wurde die deutsche Bevölkerung im Rahmen dieser Studie hinsichtlich ihres Umgangs mit digitalen Medien, Endgeräten und Diensten untersucht. Dazu wurden in allen vier Dimensionen des D21 - Digital - Index, d. h. Zugang, Kompetenz, Offenheit und Nutzungsvielfalt, nach Gemeinsamkeiten und Unterschieden anhand neutraler statistischer Analysen (Clusteranalysen) gesucht. Im Ergebnis wurden sechs unterschiedliche „Nutzertypen" identifiziert. Es zeigt sich, dass der Anteil der weniger erreichten Gruppen leicht gesunken und der Anteil der digital Souveränen leicht angestiegen ist. Auffallend ist vor allem der Anstieg der smarten Mobilisten. Sie haben ihren Anteil von drei (2013) auf sechs Prozent (2014) verdoppelt. Der reflektierte Profi ist um drei Prozentpunkte auf 18 Prozent angestiegen. Die Anteile des außenstehenden Skeptikers und vorsichtigen Pragmatikers haben sich in Deutschland um drei Prozentpunkte verringert, die übrigen beiden Gruppen sind mit Veränderungen unter drei Prozentpunkten als konstant zu bewerten."

Digital weniger Erreichte 2013 /2014

<u>Typ 1 Außenstehender Skeptiker</u> -3

<u>Typ 2 Häuslicher Gelegenheitsnutzer + 2</u>

<u>Typ 3 Vorsichtiger Pragmatiker - 3</u>

Digital Souveräne 2013 /2014

Typ 4 Reflektierter Profi + 3

Typ 5 Passionierter Onliner - 2

Typ 6 Smarter Mobilist + 3

Digital weniger Erreichte 63 %, Digital Souveräne 37 %

„Die Nutzertypen helfen dabei, die digitale Gesellschaft und ihre Entwicklung greifbar zu machen, da sie diese in ihrer Heterogenität charakterisieren anstelle der Betrachtung isolierter sozio-demografischer Merkmale. Bei den Nutzergruppen mit einem höheren Digitalisierungsgrad liegt die Herausforderung darin, sie in ihrem pionierhaften Erkunden der digitalen Möglichkeiten zu ermutigen und in ihrer Entwicklung nicht einzuschränken. Gleichzeitig gilt es, die weniger internet- und technikaffinen Gruppen mit niedrigerem Index - Wert zu erreichen und zu schützen. Es ist eine gesamtgesellschaftliche Aufgabe, Möglichkeiten der Kompetenzerlangung und teilhabe anzubieten und entsprechende Schutzmechanismen des Daten- und Verbraucherschutzes zu gewährleisten, damit sich auch Internetnutzer mit geringer It - Kompetenz sicher in der digitalen Welt bewegen können.“

(2) http://www.wiwo.de/politik/deutschland/it-gipfel-die-charta-der-digitalen-vernetzung-im-wortlaut/10865234-2.html

Die nachfolgenden Grundsätze sind Ausdruck unseres gemeinsamen Verständnisses für den Weg in die digitale Gesellschaft:

1. Wir verstehen die digitale Vernetzung – ihre Nutzung und Entwicklung – als entscheidenden Standortfaktor für Deutschland.

2. Wir sind überzeugt, dass sich die digitale Vernetzung im nächsten Jahrzehnt zu einer Grundlage des gesellschaftlichen Wohlstandes entwickeln und die Lebensbedingungen der Menschen deutlich verbessern wird.

3. Wir suchen den offenen Dialog über alle Branchen und gesellschaftliche Gruppen hinweg, um gemeinsam den technologischen Fortschritt im Sinne der Gesellschaft voranzubringen. Dabei wägen wir gesellschaftliche Chancen und Risiken gegeneinander ab.

4. Wir sind uns der Verpflichtung bewusst, mit personenbezogenen Daten und Informationen datenschutzgerecht und sicher umzugehen. Dies gewährleisten wir durch effektive technische und organisatorische Maßnahmen zum Schutz vor unberechtigtem Zugriff und missbräuchlicher Verwendung. Wir sehen ein einheitliches europäisches Datenschutzrecht als wichtige Rahmenbedingung. Eine weitere internationale Harmonisierung rechtlicher Grundlagen muss zügig angegangen werden.

5. Wir wollen die aus der digitalen Vernetzung generierte große Menge und Vielfalt von Daten im Sinne von Chancen und Nutzen für unsere Gesellschaft und für das Individuum stärker nutzbar machen. Wir verstehen es als gemeinsame

Aufgabe von Wirtschaft, Politik, Wissenschaft und Gesellschaft hierfür einen geeigneten Rahmen zu setzen.

6. Wir sehen den allgemein verfügbaren Zugang zu modernen Breitbandnetzen als Grundvoraussetzung für eine diskriminierungsfreie Teilhabe an den Vorteilen der digitalen Vernetzung. Bildung und Medienkompetenz sowie gezielte gemeinsame Forschungsanstrengungen staatlicher und nicht staatlicher Institutionen sind weitere Schlüssel zu einer zukünftig digital vernetzten Gesellschaft.

7. Wir unterstützen die zügige Entwicklung und Anwendung von offenen, internationalen Standards und Normen für interoperable und globale Lösungen.

8. Wir begreifen in erster Linie die Menschen und die Unternehmen als treibende Kräfte der digitalen Veränderung. Damit die Gesellschaft von diesen Kräften profitiert, sind stabile rechtliche und investitionsfreundliche Rahmenbedingungen erforderlich.

9. Wir wollen dem Fachkräftemangel vorbeugen und neue Kompetenzen fördern, indem wir dazu beitragen, die Vermittlung erforderlicher neuer fach- und branchenübergreifender Qualifikationen zur Planung, zur Realisierung und zum Betrieb digital vernetzter Anwendungen und Systeme in die Aus- und Weiterbildung zu integrieren.

10. Die digitale Vernetzung soll der Freiheit und dem Wohlstand der Gesellschaft dienen. Gemeinsam wollen wir dazu beitragen, Deutschland zukunftsgerecht zu gestalten.

(3) 10 Thesen von Martin Burckhardt, 22. April 2014[97]

1. DIGITALE RENAISSANCE

Mit der digitalen Revolution erleben wir eine Transformation, die so tief ist wie der Zeitriss, der die Neuzeit vom Mittelalter getrennt hat. Das Grundgesetz des neuen Geisteskontinents ist bekannt, es lautet x=xn. Vor dieser Formel müssen die künftigen Ideen, Institutionen und Plastiken bestehen.

2. STAAT

Der Nationalstaat ist Geschichte. Weil schon jetzt das Internet den politischen Handlungsraum definiert, gilt es, die nationalstaatlichen Exzesse einzuhegen und jene Institutionen zu befördern, die dem Rahmen des Weltbürgers entsprechen. Sind wir jetzt noch von Repräsentationsvorstellungen besessen, muss man im Jenseits der Ideologien die Politik der Simulation als größtmögliche Aufgabe denken!

3. GELD

Geld ist zum leeren Zeichen geworden. Wenn die versammelte Kopflosigkeit (= die Märkte) nichts als Schein produziert, so kann die Konsequenz nur in der Abschaffung jenes Finanzsystems bestehen, das es Einzelnen erlaubt, ganze Volkswirtschaften in Geiselhaft zu nehmen. Das Recht der Geldemission darf nicht mehr Staaten oder Banken vorbehalten sein, es muss an diejenigen gehen, die mit ihrer Aufmerksamkeit und mit ihren Bedürfnissen für den Wert des Geldes einstehen: an uns alle. Die beunruhigende Frage: Wie werden wir, wenn wir nicht mehr der Metaphysik des Geldes Glauben schenken kön-

[97] http://www.vocer.org/category/dossiers/die-binaergesellschaft/

nen, den eigenen Wert und den Wert der Dinge ermitteln können?

4. ARBEIT

Was wir für Arbeit halten, wird im Museum der Arbeit verschwinden. Dinge hingegen, die wir als Spielerei oder Orchideenliebhaberei erachten, werden den Mehrwert der Zukunft darstellen. Unser Arbeitsethos wird der Kultivierung des Überflusses gelten. Da wir uns selbst produzieren, stellt die Vervollkommnung der sozialen Plastik das Ziel unserer Bemühungen dar. Arbeit wird das Medium sein, in dem wir unsere Verwandlung vorantreiben und uns zugleich dabei zuschauen können.

5. ÖKONOMIE

Am Ende der Produkte angelangt, werden wir selber zur Währung. Wenn unsere Aufgabe darin besteht, die Güte dieser Währung aufrecht zu erhalten, so heißt dies in einer beweglichen Welt: sich immer wieder neu erfinden zu müssen. Die Logik des Upgrades aber basiert darauf, dass man das Scheitern erlernt. Dies ist das Wesen der Digitalisierung: Zerstörung, mit dem Ziel, das Objekt in umso grandioserer Form wiederauferstehen zu lassen.

6. ICH

Das Individuum, das mit seiner Unterschrift eine lebenslange Verpflichtung eingeht, ist passé. Wenn unser Sein im Austausch besteht, sind wir Dividuen, Schauspielern vergleichbar, die auf der Suche nach immer neuen Rollen und Herausforderungen sind. Ein solcher Rollenwechsel erfordert nicht mehr den Funktionär, sondern den ganzen Menschen.

7. KUNST

Es wird keine Künstler mehr geben, nur mehr die Kunst. Begreifen wir die Gesellschaft als Kunstwerk, geben wir ihr den Sinn für das Utopische, für ihre Möglichkeiten zurück.

8. MORAL

Unsere Individualmoral hat sich überlebt, sie wird (wie die Religion) zur Privatsache. Die Moral der Ge- und Verbote muss sich zum Weltverständnis verwandeln. Da wir in Fernbeziehungen leben und der Tastendruck unseres Fingers einen Menschen am anderen Ende der Welt in Mitleidenschaft ziehen kann, ist auch die Ferne ein Modus der Nähe. Die Maxime: dass man sich löst von den Überlegenheitsvorstellungen der eigenen Religion und Kultur, dass die Nächstenliebe mit der Fernstenliebe verschmilzt.

9. BILDUNG

Unsere Schulen und Universitäten sind so überflüssig wie die Kopisten zu Zeiten des Buchdrucks. Die Bildung der Zukunft wird darauf beruhen, dass man nicht auswendig, sondern inwendig lernt. Wissensakkumulation wird durch Neugierde, unveränderliche Wahrheiten werden durch Gedankenspiele ersetzt. Ein Gedanke, der den Denkenden ausgrenzt oder zu eliminieren versucht, ist per se wertlos. Auch die Naturwissenschaft (unsere Außenwelt) muss inwendig werden (Geisteswissenschaft).

10. DER MENSCH

Dürfen wir unser Leben dem Programm der Maschine unterwerfen? Nur wenn wir uns von der Sucht nach Kontrolle befreien und aufhören, Institutionen, Formeln und Maschinen zu fetischisieren, werden wir uns selbst finden können. Dieses Selbst ist kein Besitz, sondern die Fähigkeit, mit anderen Menschen in Kommunikation zu treten. Nur in dem Maße, in dem wir unser Fetisch-Selbst auflösen, wird das Menschenbild der Zukunft in unsere Wahrnehmung eintreten.

(4) Rank Website Category 1.9.2015 Similar Web Rank Top 50 Websites in Germany

http://www.similarweb.com/country/germany 2/3

1 Google.de Internet and Telecom > Search Engine

2 Facebook.com Internet and Telecom > Social Network

3 Youtube.com Arts and Entertainment > TV and Video

4 Google.com Internet and Telecom > Search Engine

5 Amazon.de Shopping > General Merchandise

6 Ebay.de Shopping

7 Yahoo.com News and Media

8 Web.de Internet and Telecom > Email

9 Wikipedia.org Reference > Dictionaries and Encyclopedias

10 Ok.ru Internet and Telecom > Social Network

11 Gmx.net Internet and Telecom > Email

12 T-Online.de News and Media

13 Xhamster.com Adult

14 Live.com Internet and Telecom > Email

15 Bing.com Internet and Telecom > Search Engine

16 Msn.com News and Media

17 Chip.de Computer and Electronics

18 Streamcloud.eu Internet and Telecom > File Sharing

19 Instagram.com Internet and Telecom > Social Network

20 Bild.de News and Media > Newspapers

21 Spiegel.de News and Media

22 Pornhub.com Adult

23 Mobile.de Autos and Vehicles > Car Buying

24 Youporn.com Adult

25 Fugupdates116.com

26 Microsoft.com Computer and Electronics > Software

27 Kinox.to Arts and Entertainment > Movies

28 Movie4k.to Arts and Entertainment > Movies

29 Twitter.com Internet and Telecom > Social Network

30 Otto.de Shopping

31 Tumblr.com Internet and Telecom > Social Network

32 Xnxx.com Adult

33 Ask.com Internet and Telecom > Search Engine

34 Gameforge.com Games

35 Ebay-Kleinanzeigen.de Shopping

36 Reimageplus.com Computer and Electronics > Software

37 Sunmaker.com Gambling > Casinos

38 Paypal.com Finance > Financial Management

39 Xvideos.com Adult

40 Adobe.com Computer and Electronics > Software

41 Booking.com Travel > Accommodation and Hotels

42 Immobilienscout24.de Business and Industry > Real Estate

43 Mozilla.org Computer and Electronics > Software

44 Bahn.de Business and Industry > Transportation and Logistics

45 Wetter.com News and Media > Weather

46 Dropbox.com Internet and Telecom > File Sharing

47 Computerbild.de News and Media > Technology News

48 Redtube.com Adult

(5) »Berenberg Bank · HWWI: Strategie 2030 – Sachwerte« ist eine gemeinsame Studie der Berenberg Bank · Neuer Jungfernstieg 20 · 20354 Hamburg und des HWWI Hamburgisches WeltWirtschaftsInstitut · Heimhuder Straße 71 · 20148 Hamburg Stand: August 2015

1. ***Schlaraffenland-Szenario:*** Der technologische Fortschritt macht die menschliche Arbeitskraft nahezu vollständig überflüssig. Ein Quantensprung bei der künstlichen Intelligenz, der massive Einsatz von vernetzten Computern und Robotern in Kombination mit Big Data ermöglichen es, dass auch ohne menschliches Zutun diejenigen Güter und Dienstleistungen produziert werden, die sich die Verbraucher wünschen. Traditionelle Arbeitsverhältnisse wären nur noch Ausnahmefälle. Das Knappheitsproblem wäre gelöst, Knappheitspreise somit überflüssig, praktisch alle Güter und Dienstleistungen wären kostenlos. Die Menschen könnten sich mit Dingen beschäftigen, die ihnen Spaß machen. Das Schlaraffenland wäre Realität.

2. ***Strukturwandel-Szenario:*** Vor allem Wirtschaftsvertreter sehen in der Digitalisierung lediglich eine weitere Phase tief greifenden Strukturwandels. Ähnlich wie im Zeitalter der Industrialisierung würden zwar Arbeitsplätze vernichtet, doch die freigesetzten Arbeitskräfte würden in anderen Bereichen der Wirtschaft dringend benötigt. Aufgrund des technischen Fortschritts würden die Arbeitskräfte produktiver und potenziell besser bezahlt als zuvor. Schon jetzt zeichnet sich ab, dass durch die Digitalwirtschaft eine ganze Reihe neuer Betätigungsfelder entsteht. Neben IT-Spezialisten bilden sich zum Beispiel auch für Juristen, Soziologen, Ökonomen oder Politikwissenschaftler ganz neue Forschungs- und Betätigungsfelder heraus. Das Strukturwandel-Szenario ist somit überwiegend positiv zu bewerten. Denn der gesellschaftliche Wohlstand steigt und diejenigen, die bereit sind, sich dem Wandel am Arbeitsmarkt anzupassen, werden langfristig profitieren.

3. ***20:80-Szenario:*** Das dritte Szenario enthält Elemente der beiden anderen Szenarien. Es ist denkbar, dass die Digitalisierung einen tief greifenden Strukturwandel auslöst, bei dem Güter und Dienstleistungen immer schneller produziert und – oftmals kostenlos – angeboten werden können. Gesamtwirtschaftlich führt die Digitalisierung zu mehr Wachstum und zu mehr Wohl stand. Und doch gibt es in diesem Szenario gravierende Probleme: Aufgrund des technischen Fortschritts lässt sich der Wohlstand mit einem Bruchteil der heute benötigten Arbeitskräfte produzieren. Es besteht die Gefahr einer 20:80-Gesellschaft, in der nur noch 20 Prozent der arbeitswilligen Bevölkerung bezahlte Arbeit finden und sich die erzielten Einkommen auf einen sehr kleinen Teil der Bevölkerung konzentrieren »The winner takes it all«-Logik In diesem Fall würde es sich also nicht bloß um einen Strukturwandel handeln, bei dem prinzipiell jeder »seines Glückes Schmied« bleiben kann, wenn er nur ausreichend flexibel und leistungsbereit ist. Vielmehr wären große Teile der Gesellschaft auch bei noch so großer Arbeitsbereitschaft und Flexibilität vom Arbeitsmarkt und vom Wohlstand ausgeschlossen. Die üblichen Instrumente der Arbeitsmarktpolitik würden versagen, weil der technologische Wandel einen Großteil der Arbeitsplätze auf Dauer vernichtet und kaum neue entstehen lässt. Es gäbe auch kein Lohnniveau, mit dem prinzipiell Vollbeschäftigung herzustellen wäre.

16. Quellen

Astheimer, Sven, FAZ, Beruf & Chance, 24.06.2015, Digitalisierung bedroht massenhaft Arbeitsplätze

Benedikter, Roland „Globale Bewusstseinsindustrie“ Sind wir auf dem Weg zum Maschinenmenschen? Telepolis, 2013,

Boeing, Niels, „Evolution Der Mensch ist noch nicht fertig“in: ZEIT Wissen Nr. 01/2014

Bundesministerium für Wirtschaft und Energie Bundesministerium des Innern Bundesministerium für Verkehr und digitale Infrastruktur, Stand August 2014

Cachelin, Joel Luc, „Offliner", Die Gegenkultur der Digitalisierung, Stämpfli Verlag AG, Bern 2015

Castells, Manuel (2003): Das Informationszeitalter: Wirtschaft, Gesellschaft, Kultur. Teil 1: Der Aufstieg der Netzwerkgesellschaft, Teil2 und Teil 3, Opladen: Leske + Budrich

Dueck, Gunter in: DIE WELT, 06.09.14, “Shift happens“

Heinrichs, Johannes, Revolution der Demokratie – Eine Realutopie für die schweigende Mehrheit, MAAS Verlag, Berlin, 2003

Heller, Christian: "Post-Privacy. Prima leben ohne Privatsphäre". C.H. Beck, München 2011

Hentig von, Hartmut, Ach, die Werte! Über eine Erziehung für das 21. Jahrhundert, Beltz: Weinheim/Basel 2007, 4. Auflage

Horx, Matthias, Wie wir leben werden, Unsere Zukunft beginnt jetzt, Campus Verlag, 2006

Kucklick, Christoph, Die granulare Gesellschaft: Wie das Digitale unsere Wirklichkeit auflöst, 2014, Ullstein

Kurzweil, Ray, Menschheit 2.0: Die Singularität naht, Kindle Edition 2014

Kurz, Constanze, Frank Rieger, „Arbeitsfrei“, Eine Entdeckungsreise zu den Maschinen, die uns ersetzen, Riemann Verlag, 2013

Lanier, Jaron, WEM GEHÖRT DIE ZUKUNFT? Hoffmann und Kampe Verlag, Hamburg, 2014

Leisegang, Daniel, in Wissenschaft & Frieden 2015-2, Der cyber- militärische Komplex, Die dunkle Seite des Silicon Valley

Mancuso, Stefano/Viola Alessandra, „Die Intelligenz der Pflanzen“ Übersetzung: Christine Ammann, Verlag Antje Kunstmann, 2015

Mayer-Schönfelder, Victor, Delete: Die Tugend des Vergessens in digitalen Zeiten, bup, 2010

Opaschowski. Horst, So wollen wir leben! Die 10 Zukunftsängste der Deutschen, Gütersloher Verlagshaus, 2014

Opaschowski, Horst, "Gut leben statt viel haben", in: Welt am Sonntag, 28.12.2014 / Ausgabe 52 / Seite 6

Papst Franziskus Lehrschreiben „Laudato si“ befasst sich mit dem Verhältnis zu Natur und Schöpfung, Er hofft auf eine „globale ökologische Umkehr“, 18.6.2015

Precht, David Richard, 26. April 2015, ZDF-Sendung "Precht" mit Sahra Wagenknecht (Die Linke): „Ist der Kommunismus wieder im Kommen?“

Seeßen, Georg & Markus Metz, Blödmaschinen: Die Fabrikation der Stupidität, edition suhrkamp, 2011

Schirrmacher, Frank, Payback, Blessing Verlag München, 2009

Schultz, Nora, Spiegel Online, 2015,Computer und Gehirn: Der Mythos von der digitalen Demenz

Schwägerl, Christian, Die analoge Revolution. Wenn Technik lebendig wird und die Natur mit dem Internet verschmilzt. Riemann, München 2014

Soboczynski, Adam, Höfische Gesellschaft 2.0, 22. Oktober 2009 in: http://www.zeit.de/2009/44/Gesellschaft-Soziale-Netzwerke

Sorgner, Stefan Lorenz im Gespräch mit J. Innerhofer, DIE ZEIT N° 20/2013

Sprenger, Reinhard K. „Das anständige Unternehmen“, DVA-Verlag, München 2015

Spitzer, Manfred, Digitale Demenz: Wie wir uns und unsere Kinder um den Verstand bringen, Droemer 20 C. Bertelsmann, 2015

Schramm, Julia, „Klick mich“: Bekenntnisse einer Internet-Exhibitionistin, Kindle Edition, 2012

Welzer, Harald in: Der Spiegel 8/2015, S. 76f „Totalitarismus“ ohne Uniform, von Brauck, Markus und Mahler, Armin

Wilkens, Andre: "Analog ist das neue Bio", Metrolit Verlag, Berlin 2015

Ziegler, Jean, „Ändere die Welt!: Warum wir die kannibalische Weltordnung stürzen müssen“, C. Bertelsmann Verlag, München 2015